Magalí Tajes

CAOS
Nadie puede decirte quién sos

Ilustraciones
Alexis Moyano

montena

Caos

Primera edición en Argentina: abril de 2018
Primera edición en México: julio de 2019

D. R. © 2018, Magalí Tajes

D. R. © 2018, Penguin Random House Grupo Editorial, S.A.
Humberto I 555, Buenos Aires

D. R. © 2019 derechos de edición mundiales en lengua castellana:
Penguin Random House Grupo Editorial, S. A. de C. V.
Blvd. Miguel de Cervantes Saavedra núm. 301, 1er piso,
colonia Granada, delegación Miguel Hidalgo, C. P. 11520,
Ciudad de México

www.megustaleer.mx

D. R. © Alexis Moyano, por las ilustraciones

ISBN: 978-607-317-844-0

Impreso en México – *Printed in Mexico*

El papel utilizado para la impresión de este libro ha sido fabricado a partir de madera procedente
de bosques y plantaciones gestionadas con los más altos estándares ambientales, garantizando
una explotación de los recursos sostenible con el medio ambiente y beneficiosa para las personas.

ÍNDICE

A ustedes, que creen en mí.
Y a mi familia, siempre.

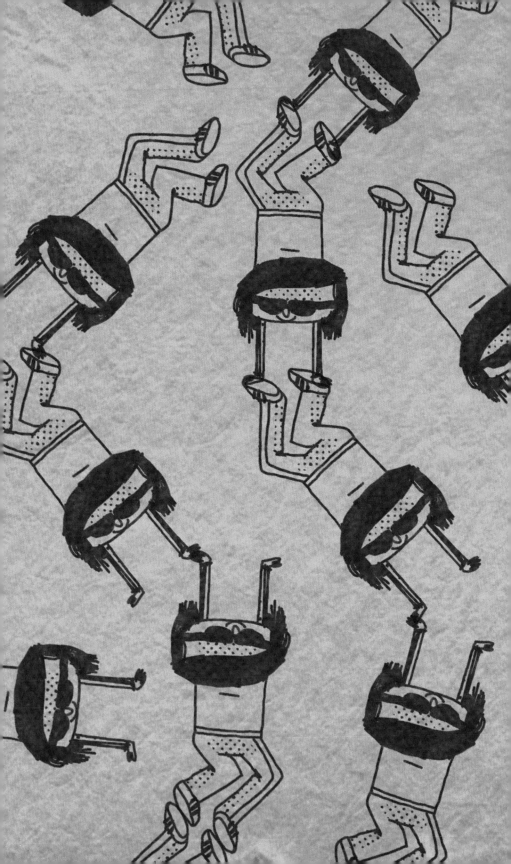

BIENVENIDOS A LA FIESTA

*Es preciso tener un caos dentro de sí
para poder dar luz a una estrella.*

Friedrich Nietzsche

Estoy viviendo en una casa que pago con el sueldo que gano haciendo lo que me gusta. La casa no me gusta ni un poco. Se lo digo todos los días, sutilmente, tirando cosas al suelo, incluso yo estoy en el suelo, en el colchón que puse acá, en el living, para escapar de la habitación. Odio esa habitación, no entra la luz. Antes la luz no era problema, brotaba de mí. Ahora estoy apagada como el cigarrillo que dejé abandonado en un plato sobre la mesa de la cocina. No es el único plato, hay un montón, y están todos sucios. También

13

hay botellas de vino de fiestas a las que me invité solo a mí. De eso sí no me puedo quejar, en esta casa hubo fiestas en cantidad. Fiestas para llorar toda la noche como una imbécil, y fiestas para reír de haber llorado toda la noche como una imbécil. Fiestas de abrazar a la almohada mucho más de lo que a mí me abrazaron de chiquita, y de preguntarle, de curiosa nomás, si me iba a ayudar a limpiar el desastre que dejaban esas fiestas, o por lo menos a dormir, para no pensar en el desastre. En esta casa duermo mucho y muy mal. La gente no se da cuenta del daño que me hace este lugar, porque a pesar de las ojeras oscuras, sonrío. Soy la chica de los ojos más tristes del mundo con la sonrisa más alegre de la ciudad. La casa me hace daño y yo le hago daño a la casa. Somos ambas lo mismo y por eso nos necesitamos.

Cuando me mude de esta casa voy a hacer una fiesta, pero esta vez no va a ser solo para mí, los voy a invitar a todos ustedes. La fiesta va a ser un libro. Este libro. Bienvenida, bienvenido. Pasen, dejen sus cosas, salúdense. De banda sonora voy a poner la realidad, y también la ficción. Va a ser una linda fiesta, quiero que sea inolvidable. Espero que hayas venido con la ropa que más cómoda te quede, y que después de la fiesta te la saques y nunca más la vuelvas a usar. Porque no hay ropa cómoda que te haga realmente feliz.

LA FELICIDAD NO ES CÓMODA.

ES DE A RATOS Y MUY JODIDA.

Vamos a divertirnos.
Tomate en serio la diversión.
(Y también en broma).

¿Querés algo de tomar?
Tomá, servite, así empezamos.

ESTA
FIESTA
VA A SER UN
CAOS

MÚSICA

La música del desamor suena fuerte. Soy adicta a escucharla. No importa cuántas veces haya cantado esa canción, la busco y pongo play de nuevo. El fracaso tiene un rico sabor, *un rico saber*, se aprende del fracaso. De los triunfos también se aprende pero nos aburren más fácil. Soy la chica que escucha siempre la misma canción de la misma banda infinitas veces hasta que la agota. Yo también agoto. Me dicen: *Vos tenés un problema, a vos nada te conforma.* Yo digo: *¿Por qué a vos sí?*

GENTE

La gente es un montón de gente, cada vez más. Me siento un poco asfixiada con los abrazos, con el amor, con los "salvame". Las personas no se dan cuenta de que el amor también puede lastimar y me lo regalan entero, algunos me lo tiran encima. Y yo sonrío, y me falta el aire. Y yo sonrío, van seiscientas cincuenta y dos fotos con flash en la semana. Y yo sonrío, porque aprendí a sonreír sin que sea del todo verdad.

NADIE PUEDE SONREÍR SEISCIENTAS CINCUENTA Y DOS FOTOS SIN LLORAR POR DENTRO

Soy la chica de la alegría en piloto automático. La tristeza quiere asomarse, pero estamos en un momento de conmoción, y un fan la empuja.

ALCOHOL

Que no falten cervezas que cicatricen el pasado, y algunas copas de vino para soñar un futuro. La resaca de lo perdido duele mucho. Pero volvemos a perder, por suerte.

VAMOS A BAILAR

En esta danza caótica no sirve la vergüenza. El desorden emocional que me habita me grita a diario que es ¡INÚTIL! buscarme en los ojos de los demás. Los demás no pueden decirme cómo moverme, ellos tienen su propio ritmo, y yo otro, y vos otro. *Quedás tan out cuando morís por estar in.* No copies los pasos ajenos, tenés otros pies. ¿Querés tropiezos repetidos u originales? Te vibra el cuerpo distinto. Yo sé que te dijeron que no, pero es bueno ser DISTINTX.

Estar distinto/a suena mejor. "Ser" es algo que no se anima a mutar. "Estar" es una condición mucho más peligrosa, pero también mucho más honesta. Me escriben: *No cambies nunca.* Respondo: *Cualquier persona que te diga que no va a cambiar, te está mintiendo.*

O PEOR, ES UN EMBOLE

Soy la chica que un día se fue de ella misma, y vuelve, de vez en cuando, para asegurarse de que es otra cada vez.

SENTÉMONOS UN RATO A HACER SOCIALES

¿Qué te preocupa? Ya sé, pará, me vas a decir que la facultad o el trabajo, que no sabés si en un futuro vas a querer seguir dedicándote a esas cosas. Pero eso esconde una razón muy simple: No sos tu "yo" del futuro. Y cuando lo seas, no te vas a parecer en nada a lo que creíste que ibas a ser. Mirá:

La Magalí de seis años: Quiere ser veterinaria.

La Magalí de ocho años: Le dijeron que en la carrera de veterinaria practican con sapos. Los sapos le dan mucho asco. Ahora quiere ser astronauta.

La Magalí de doce años: Se da cuenta de que nació en Argentina y que tiene muy difícil el acceso a la NASA. Está leyendo libros de la biblioteca de su mamá sobre abogados. Le gustan mucho esos libros, sobre todo porque los protagonistas siempre ganan, y la Maga de doce años odia perder.

La Magalí de diecisiete años: Lleva varias primaveras escuchando los problemas de sus amigas del colegio. No habla de los suyos. No puede, tiene la boca cosida. No se anima a arrancar esos hilos, no quiere sangrar. No hay tanque de guerra que derribe el muro de Berlín sentimental de la Maga adolescente. Habla tan poco que aprende a escuchar. Y aprende, también, que escuchar puede hacerse una profesión y decide estudiar psicología.

Te habla la Magalí de veintiocho años. *No soy veterinaria, ni astronauta, ni abogada, ni psicóloga. Estoy escribiendo y haciendo comedia.*

¿QUÉ TE PREOCUPA?
DE VERDAD, ¿QUÉ?

En el caos hay mucho ruido, todos gritan al mismo tiempo:

¡HAY QUE SER
ALGUIEN!

Ay... ¿no somos alguien ya?

**SE ROMPIÓ UN VASO Y EL COSITO
QUE TE HACÍA SENTIR INSEGURO**

Algunas voces dicen que la fiesta está poniéndose rara.
Pero esto recién empieza. Nos vemos en un rato...

A ver, pará, pará, bajá un poco la música que me está dejando sorda. Sí, a vos te digo: pará. Hay una piba llorando desde que empezó el libro, si no bajás la música por lo menos sacá esta que es deprimente. ¡Chicos, orden! ¡Somos grandes!

Hola, perdón, no me presenté. No soy ninguna de las Magalí que escribieron hasta ahora. Soy la chica dentro de Magalí que todo lo ordena. No puede estar toooodo revuelto toooodo el tiempo. No es sano. ¿Qué quieren? ¿Que se muera intoxicada por la mugre y después la gente comente que la mató el quilombo? ¡No, chicos! Hay que limpiar de vez en cuando. Sí, ya sé que esto se llama caos y que es una fiesta. Bueno, no sé la verdad si es una fiesta porque no veo sanguchitos. No, perdón, no cené, qué sé yo, pensé que acá iba a haber comida. Ahhh, ¿vos tenés una empanada? ¿De qué es? ¿Choclo? Ay, no, guácala, fuchi. Eso no es una empanada, es otro invento fallido del capitalismo, la prima hermana del Sugus de menta, salí de acá.

¡Por Dios! ¿Quién rompió ese vaso? ¿Y qué es eso? ¿Un cosito de qué? ¿Inseguridad? ¡Mirá que se va a romper la inseguridad! Me hacés reír, ¿eh? Para dejar de ser inseguro hay que dejar de ser humano. ¡Chicos, oooorden! ¡Somos grandes!

No, no estoy de malhumor, soy así. Alguien tiene que poner un poco de decisión, ya lo dije. Les cuento, breve, no estoy para perder el tiempo. El tiempo es oro, el oro es divino, divino como yo. Esta fiesta está dividida en sectores. ¡Salí de acá con esa empanada! ¡Te dije que es un asco! Si te gusta la empanada de choclo, estás muerto por dentro, darling. Prosigo. Esta fiesta está dividida en sectores: Los que quieran ser masoquistas con cosas de amor, desamor y esas pavadas, lean las hojas detrás de la puerta roja, están en la primera habitación. Los que quieran meterse en vidas ajenas y ficticias, lean las hojas detrás de la puerta azul, están en la cocina. Los que tengan dramas existenciales y tengan "más preguntas que respuestas" y "ganas de cambiar el mundo", lean las hojas detrás de la puerta violeta, están en la habitación del fondo a la izquierda. ¡Eso sí! ¡Por favor! Los que estén tristes, deprimidos, re jodidos con la vida, no se metan en el sector de la puerta negra: es el baño.

¡Ay, no! No se puede leer de cualquier manera, te estoy diciendo yo cómo se lee. ¿No fuiste a la escuela? ¿No te enseñaron a no pensar? ¿Cómo vas a empezar con el sector negro? ¿Me estás cargando? Ay, estás psicópata. Seguro que vos sos de los que comen papas fritas con gaseosa light. Cual-quie-ra. No, no tienen conexión los textos, ¿y? No se puede empezar así, tan aleatorio. ¿Vos qué querés?, ¿qué?, ¿leer uno de cada puerta, intercalados? Ah, no. ¡Vos estás peor que el otro! Vos de chiquita seguro querías ser el power ranger amarillo.

¿Nadie piensa juntar los vidrios del vaso y del cosito? ¡Esto es un desastre! Mañana llamo a la madre de Magalí y le digo todo. Arréglense ustedes con el rojo, el azul, el violeta, el negro y el arcoíris que los parió. ¿Qué amarillo? ¿El power ranger? Era la china. ¿Puerta? No, puertas amarillas no hay. Sacate el teletubbie del oído. No hay amarillo, te digo. ¿Adónde? Ah... ah, ahí. No sé qué hay adentro de ese sector...

¿No ves?
¡Hagan lo que quieran!
¡Me voy a la mierda!

ESTO ES UN CAOS

LA PUERTA DE LOS (DES)AMORES

LA RIDÍCULA IDEA DE NO VOLVER A VERTE

*Somos palabras que se escaparon de la habitación de la puerta amarilla

Cuidado con la tristeza. Es un vicio.

Gustave Flaubert

*No quiero saber por qué lo hiciste,
pero por qué lo hiciste.*

Víctor González

La primera vez que sentí que me había enamobsesionado de una mujer yo tenía veintiún años. Estaba trabajando ocho horas en una oficina y escribía, para escaparme del tedio, una novela en una página habla hispana, cuando mis jefes no me miraban. La novela no era muy buena, pero tenía algo que atrapaba, y bastantes lectoras.

La mujer de la que me enamobsesioné era una de ellas y me leía desde España. Empezó con algo muy simple: un mensaje de ella que decía que le encantaba lo que hacía. Contesté con agradecimiento: me alegro un montón. Ella volvió a responder, esta vez hablándome de su vida. Ocho meses después, yo estaba tomándome un avión a su ciudad, para averiguar por qué carajo nos escribíamos todos los días, hacía más de doscientas cuarenta lunas, cinco páginas de Word por mail.

No lo averigüé.

La española me dedicaba canciones, y me contaba sus miedos, pero tenía novio. Me lo presentó cuando llegué. El novio era lindo, y muy imbécil. Cuando me di cuenta de que sentía celos de ese alcornoque, me quise dar la cabeza contra la pared. Noticia confirmada: me había enamobsesionado por primera vez en mi vida de una chica, y como si eso no era suficientemente difícil y nuevo para mi psiquis, la chica vivía en otro continente y era novia de alguien.

Alguien que no era yo.

Pasé tres días en su ciudad, con ella y el novio. No pude decirle: *Estoy acá porque siento algo por vos que no sentí en la vida.* No pude decirle nada. Pero se dio cuenta igual, sospecho, porque después de esos tres días de a tres, no me habló nunca más.

Nunca.

Le escribí: *¿Te enojaste por algo?*

Nada.

Le escribí: *Che, ¿estás bien?*

Nada.

Le escribí: *Respeto que no quieras hablarme, pero necesito saber por qué.*

NADA.

NADA.

NADA.

Terminó mi viaje europeo, y volví a Buenos Aires.

Le escribí: *Me estás haciendo muy mal.*

Nada.

Le escribí: *Por favor, no entiendo.*

Nada.

Le escribí: *Te ruego que me digas, aunque sea por lástima, qué te pasó.*

Contestó.

Su respuesta fue contundente: me bloqueó, en silencio, de todas las redes sociales.

La mente es frágil. El cuerpo es frágil. Creemos que estamos a salvo, pero nadie lo está. Hay dolores que pueden enloquecernos. Hay veces que la vida y la muerte se tocan. Aunque sigas vivo, te sentís desaparecer.

El silencio no es ausencia de ruido, el silencio es un grito estremecedor. Por eso no escuchamos nada en medio de un silencio, porque nos ensordece.

No podía descansar, pero dormía todo el día. Gasté el pijama de tanto tenerlo puesto. Dejé la universidad, no podía pensar en otra cosa que no fuera ella. Ella yéndose.

Dejé de ver a mis amigas, dejé de salir con gente, dejé de escribir la novela, dejé de comer, dejé de reírme, me costó, pero un día también dejé de llorar. Habitaba el mundo pero el mundo no me habitaba. Veía las cosas con la claridad con la que se ven las cosas cuando uno está desesperado. Veía la infelicidad, la rutina, el aburrimiento, el sinsentido. No hablaba. No hablaba casi nunca, como si su silencio me hubiera dejado muda a mí, como si las palabras se hubieran ido cuando ella se fue.

¿Qué había hecho? ¿Había mirado mal a su novio? ¿Había mirado demasiado bien sus ojos? ¿Me tenía que tomar otro avión y preguntarle? ¿Cuántos órganos iba a tener que vender para pagar ese otro avión?

¿Qué había hecho? ¿Y si le mentía que tenía una enfermedad terminal para que me lo dijera? ¿Y si la llamaba por teléfono hasta que me lo confesara? ¿Cuántas personalidades que no eran la mía iba a tener que inventar para recuperarme?

Probé de todo para sentirme mejor: marihuana, tabaco, ir a una bruja, mirar películas de Disney, volver a ver a mis amigas, volver a salir con personas, rezar, hacer alquimia, leer libros de budismo, libros de autoayuda, libros tristes, tristísimos, para sentir "lo que estoy viviendo no es grave", leer libros felices para sentir "tengo que resucitar de esto". Probé meditar, hacer yoga, tomar mucho alcohol, dejar el alcohol, terapia, volver a viajar, ir a constelaciones, dormir con un peluche, bailar, hacer deporte. Probé de todo y no funcionó nada. A veces, no hay otra cura que el tiempo.

Pasé un año entero con el corazón destrozado. Fueron más de trescientos sesenta y cinco días en los que creí que iba a enloquecer. Me salvó la esperanza. Había una voz, adentro mío, que me decía muy bajito: *Todo va a estar bien. Sé que no sabés cómo, pero todo va a estar bien.*

La primera vez que sentí que me había enamobsesionado de una mujer yo tenía veintiún años y fue la última.

No hay amor si no es recíproco. No hay amor si no es sano. No hay amor en el sometimiento. No hay amor en la cobardía. No hay amor en la mentira. No hay amor si no hay entrega.

No hay AMOR
si TE hace
ODIARTE.

No me enamoré de la española. Me enamoré de su fantasma, de sus imposibilidades, de su misterio. Me enamoré de su capacidad de destruirme. Aprendí con ella que yo también era capaz de destruirme, de mirarme en un espejo y no reconocerme. Hubo noches en las que me pregunté: "¿Cómo no me muero de tristeza?". No era una pregunta exagerada, realmente no entendía cómo no me moría de estar triste. Hoy, en el fondo, siento que me salvó esa voz de *todovaaestarbien*.

No me enamoré de la española. Me obsesioné por que me mire.

Me miró.

Pero no supo verme.

Yo no sabía verme tampoco.

Tuve que aprender.

A fuerza de dolor.

¿Hay otras formas de aprender?

Las hay.

Eso también lo tuve que aprender, enseñándomelo yo misma.

Hay cosas que solo te podés enseñar vos.

La primera vez que sentí que me había enam-obsesionado de una mujer yo tenía veintiún años. Creía que el amor podía deberse. Mi ecuación sentimental decía que si yo sentía amor por alguien, y se lo daba, esa persona iba a sentir amor también. Pero no, el amor no es justo. La justicia y el amor no tienen nada que ver. La justicia necesita pruebas. ¿Qué pruebas necesitás para desarmarte por alguien? Enamorarse es como encontrarse un moretón y no saber con qué te lo hiciste. Te pasó. No importa cómo, te marcó.

Perdí inocencia en esa historia. Cambió mi forma de ver el mundo. ¿Cuántas vidas entran en una vida? Infinitas, mi amor, infinitas.

Hay que abrirle la puerta al dolor, para sentir y entender por qué no querés que se quede en tu casa. El que esté libre de sufrir, que tire el corazón a la basura.

Hay que abrirle la puerta al dolor, no cerrársela en la cara. No son fuertes los que no lloran, son fuertes los que aprenden a lidiar con la tristeza. Los que no saben llorar, tampoco saben reír. Creen que sí, pero no saben. Para reírse con el alma, hace falta tenerla un poco rota.

¿POR DÓNDE ENTRA EL SOL SI NO ES POR LOS LUGARES QUE TENEMOS ROTOS?

Kintsugi (金継ぎ) *(en japonés: carpintería de oro) o **Kintsukuroi*** (金繕い) *(en japonés: reparación de oro) es una técnica de origen japonés para arreglar fracturas de la cerámica con barniz de resina espolvoreado o mezclado con polvo de oro, plata o platino. Integra una filosofía que plantea que las roturas y reparaciones forman parte de la historia de un objeto y deben mostrarse en lugar de ocultarse, incorporarse, y además hacerlo para embellecer el objeto, poniendo de manifiesto su transformación.*

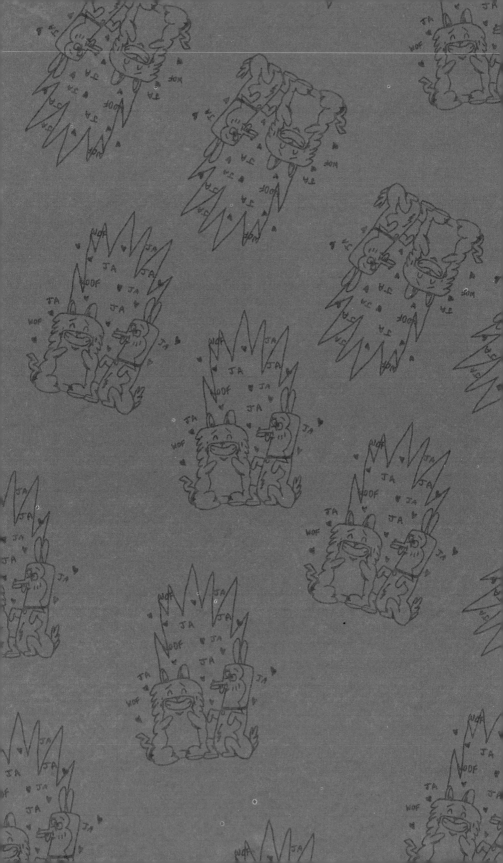

MARKETING

Aunque te presente a los viejos
aunque paseen por Palermo
aunque te diga que te ama
aunque te desarme en la cama
aunque el mundo todavía no le parezca horrible
aunque crea que puede cambiarlo,
solo vale la pena si te hace reír.

Aunque tenga ideales y los luche
aunque hables y te escuche
aunque persiga sus sueños
aunque sepa que nadie es dueño
de nadie en la vida
sí de cosas, muy pocas, y en cuotas,
solo vale la pena si te hace reír.

Aunque sea feminista
aunque rechace lo elitista
aunque crea en los marcianos
aunque sienta que es vano
no entregarse a los demás,
solo vale la pena si te hace reír.

De la risa nace el amor
y el amor pone a jugar las diferencias
el otro es otro
yo soy yo
yo soy el otro
el otro sigue siendo otro
y si es yo, no lo sé
no lo conozco
nunca conozco al otro
siempre lo adivino
me quedo con ese otro porque lo amo
lo amo porque me hace desear ser mejor
si lo amara porque me lastima
entonces no me amo
y si no me amo
¿cómo puedo amar?

De la risa nace el amor
la risa asusta a las miserias
no las sana, no las mata, no las borra
las asusta
las miserias se van por un rato
y con ellas los miedos
mientras el pecho estalla de risa
no hay monstruo que nos gane.

Solo vale la pena si te hace reír,
porque si no te hace reír
todo lo demás es marketing.

mientras el pecho estalla de risa
no hay monstruo que nos gane

TE MIRO

Te miro dormir y siento que sos la persona más linda del mundo, aunque en este momento tengas la expresión enojada, probablemente por mi intensa manía de tocarte el pelo. Tengo miedo de que te despiertes y me preguntes: *¿Qué hacés?* Tengo miedo de que me lo preguntes porque realmente no sé qué hago tocándote el pelo hace más de media hora. Creo que es una necesidad, sabés, la de tocarte, digo. Es como si el cuerpo me doliera si no lo hago.

Te miro dormir y siento que sos la persona más linda del mundo. Yo sé que no conozco a todo el mundo, pero tampoco me hace falta. Uno puede percibir bastante el mundo sin conocerlo. ¿Viste esos días en los que te levantás triste y no sabés decir la razón? Bueno, yo estoy segura de que es el dolor del mundo que cada tanto se nos cala en los huesos. El dolor es tan fácil de sentir... con el amor la cosa es un poco diferente.

Del amor escuché algunas cosas:

Que duele.

Que es mutuo.

Que si no es mutuo, se parece al amor, pero es otra cosa.

Que se termina, a veces.

Que te da sensaciones raras en la panza.

Que nunca te completa, pero sí te parte.

No tiene buena fama el amor, pero todos lo buscamos.

Te miro dormir y siento que sos la persona más linda del mundo. Porque de todos los millones de personas que están existiendo, vos sos la que me moviliza. Y en este momento, sabés, ahora, digo, sigue habiendo enfermedades, guerras, muertes, balas, policías reprimiendo, políticos estafando, pibes robando cosas que no querían robar, disparando a personas que no querían ser robadas; sigue habiendo pibas secuestradas, y millones y millones de tipos y tipas infelices, asfixiados en una vida que los va a matar de angustia, si no es que los y las matan antes las pastillas que consumen para tapar esa angustia. Sigue habiendo corrupción, xenofobia, pedofilia, homofobia. Sigue habiendo injusticias. Sigue habiendo todo, pero te miro dormir y yo me olvido. Por un rato, el mundo se vuelve un lugar habitable. Para ser honesta, hermoso. Hasta pienso que quizás tu ceño fruncido no sea producto de mi insistencia en tocarte el pelo, sino la manera inconsciente que tenés de estar en desacuerdo con lo horrible del mundo. Y sonrío, triste. Me pregunto cómo hacés vos para olvidarte un rato del mundo cuando no tenés la suerte, la increíble suerte, de verte durmiendo.

DE CUANDO EXTRAÑÁS

Y volvés, y volvés a pensar y a repensar qué pudiste haber hecho mal, o qué cosa no pudiste prever, y se te pasó por alto, se te fue, no la viste y ya no sirve ver, ya no está más.

Se te aparecen su risa, sus manos, sus manos tocando las tuyas, y se aparece su mejilla rozándote, y su panza, y frenás los recuerdos. Te cuesta pero lo hacés. Empezás a buscar recuerdos que sepan amargos pero lleva su esfuerzo. No aparecen tan rápido como los otros, y son tanto más efímeros. Pensás que olvidar es una palabra que habla de una acción imposible para vos. Tal vez se puede olvidar los objetos, una fecha... te convencés de que no se puede olvidar a una persona, que esa es una concepción errada, utópica. Los detalles, y las sensaciones, y las miradas, y las respiraciones, están ahí. Basta la aparición de un leve gesto similar en otro cuerpo, pasar por un lugar que compartieron, la casualidad de una brisa trayéndote su perfume en la calle.

Y extrañás, extrañás mucho. Incluso esas discusiones que libraban a muerte, y más las reconciliaciones, y las burlas por ser tan tontos de discutir. Extrañás los te quiero, y los mates, y la tarde, la noche, la mañana, los feriados, y ¡ay, los domingos! Extrañás los juegos, los códigos, los silencios... y quizás con los silencios aparece en tu cabeza alguno de los últimos silencios que ya no eran elegidos desde la paciencia sino desde el enojo. Y suceden en la memoria los gritos, el dolor de estómago y los *ya-no-me-gusta-esto* y los *no-estamos-bien*. El rompecabezas cobra sentido, y empezás a colocar las piezas que fueron llevando al *ya-no-te-quiero-como-antes*. Y se te cae una lágrima. Y ves una pareja abrazarse en la calle, y la puta madre que los re mil parió. Las lágrimas ya son diez mil, y se va todo lo malo de nuevo, y vuelve la sensación de ese abrazo que te enloquecía. Morirías por volver a sentirlo, pero en el fondo sos consciente de que ya no sería el mismo abrazo, porque desde el amor no se abraza igual que desde lo partido.

Y volvés, volvés a pensar y a repensar qué pudiste haber hecho mal, o qué cosa no pudiste prever, y se te pasó por alto, se te fue, no lo viste y ya no sirve ver...

YA NO ESTÁ MÁS.

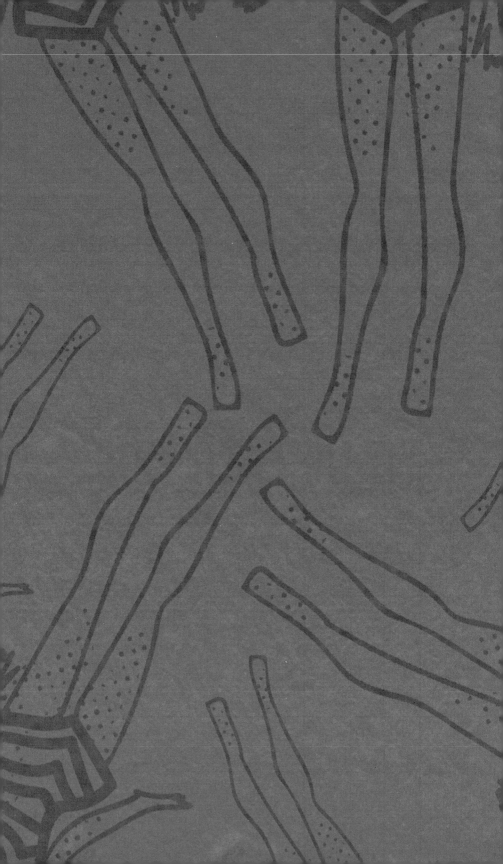

MUÑECA BARBIE

Tú eliges el lugar de la herida en donde
hablamos nuestro silencio.

Alejandra Pizarnik

"Quiero comer fideos caseros, bebé, comprá fideos caseros", me dijiste a las siete pasaditas. Te abrí la puerta del edificio a las nueve en punto, con la sonrisa de quien recibe un abrazo a tiempo, pero vos no tenías esa sonrisa, no tenías ninguna. No tuve ni que preguntar qué te pasaba, lo dijiste con apuro, como quien escupe un trago que tiene pésimo gusto: "En realidad, no vine a comer, Maga. Vine a hablar". Y subimos a mi departamento sin mirarnos ni de reojo.

Me senté en un rincón, vos en otro, y te escuché decir esas cosas que se dicen cuando ya no se quiere a la otra persona. Esas cosas que suenan a excusas, porque no hay verdad en dejar de querer al otro, se tiene que inventar.

"¿Lo pensaste bien?" "Sí." "Bueno." "¿Bueno? ¿No me vas a decir nada más?" "No." "¿Vos estás de acuerdo con esto?" Me reí, sin muecas, sin sonido. ¿Quién puede estar de acuerdo con que no lo quieran más? "Sí, me parece bien." "¿Querés que me quede a comer igual?" Te miré. "No, cómo te vas a quedar a comer, andá."

No se puede confiar en la gente que te pide fideos caseros para hacértelos comer con gusto a abandono, en la gente que te dice bebé a las siete pasaditas, ni a ninguna hora. No se puede confiar en la gente que a los tres días se arrepiente y te cita en el obelisco, y te vuelve a cortar, sin fideos ni apodos estúpidos de por medio, pero en el epicentro de la ciudad para que nunca más en la fucking vida mientras vivas en Buenos Aires te olvides de ella. Es mala gente esa gente, no porque no te quiera más, sino porque no entiende que no te quiere más y te hace padecer su ignorancia. Hay maldad en jugar con un ser humano, maldad sin querer, como la de esas nenas que le arrancan la cabeza a la Barbie y después la lloran. Y todos somos alguna vez esa nena, y todos somos alguna vez esa Barbie. La cosa está en saber de qué lado está parado uno. Y no prestarse al juego del otro ni jugar con la cabeza de nadie.

INTERCAMBIO

Te fuiste. Yo te creí cuando me prometiste que te ibas a quedar, igual te fuiste. Me quedaron cosas sin decirte, y ya no tiene sentido que las diga, no estás. Debería escribirlas en un papel, y después prenderlo fuego. Una vez escuché que las palabras que se queman ya no duelen tanto. ¡Lástima! Cuando te fuiste, te llevaste mis ganas de escribir.

Creo que fuiste la primera persona que amé. En un futuro le voy a decir a alguien: *Una vez quise tanto a una persona que me robó las ganas de escribir y no la denuncié en ningún lado.*

Mi mamá dice que tengo los ojos tristes, y que no le gusta verme con los ojos así. A mí tampoco me gustan mis ojos tristes, mamá. Tampoco me gustan mis rodillas, que no están tristes, por suerte (o eso creo). No me gustan porque se ahuecan, pero las tengo así y no me quejo. Y así tengo los ojos, tristes, y me los banco. Yo no te sé mentir la mirada. Mi mamá sí sabe mentir y yo sospecho que en parte por eso me reta los ojos. Como si sus palabras escondieran: *¡Ay, nena! Todos estamos tristes, pero hay que aprender a disimular.*

Te fuiste. Yo te creí cuando me prometiste que te ibas a quedar, igual te fuiste. Te envidio en el fondo. ¿Sabés la cantidad de veces que me quise ir de mí? Ojalá pudiera. Ojalá pudiera ahora.

Mi profesor de guitarra dice que soy buena con la música, y todas las semanas me pregunta ¿practicaste? y yo le digo que obvio, y omito el "para no pensar en otra cosa, para no pensar". Me duelen los dedos de practicar, me duelen casi tanto como escuchar el único audio que guardé tuyo. Debería borrarlo, pero no puedo, porque tiene tu risa y seis palabras tan hermosas que me dan ganas de ir a buscarte corriendo para gritarte en la cara que nunca te las voy a devolver, así no se las podés decir a nadie nunca más.

Te extraño.

Y me extraño un montón a mí, antes de vos. ¿Alguna vez te pasó de no reconocerte?

Devolveme las ganas de escribir, mi amor.

Te doy a cambio tu risa y las seis palabras.

Devolveme las ganas de vivir, mi amor.

Tomá tu risa, usala un montón.

Las seis palabras guardalas para cuando conozcas a alguien que te dé unas ganas de quedarte que no entren en el mundo:

Y quedamos a mano.

INFINITO

Estamos condenados al amor
a pesar de nuestro
esfuerzo en odiar.

Camilo Blajaquis

En la puerta de un estacionamiento
sobre Boedo y Constitución
vive una pareja enamorada
siempre que voy por ahí los cruzo
dormidos en un abrazo
o sentados charlando
tomando vino y fumando
arriba de un colchón sucio
con una frazada encima.

A veces
me sacan una sonrisa
digo, mirá
el amor puede nacer
hasta en el lugar más inhóspito
digo, mirá
no tienen nada
pero se comparten entre ellos
los besos, las caricias,
el vino y los cigarros.
A veces
me ponen triste
digo, mirá
ojalá tuvieran una casita
digo, mirá
¿habrán comido hoy?

Son ilusionistas esos dos enamorados
me venden la magia
de que el amor lo puede todo
aunque yo sepa
en carne viva
que el amor todo no lo puede
¿todo no?
me venden duda

esos dos enamorados
¿es su forma de no estar solos?
¿o son tan desgraciadamente felices?

El amor vive en las personas
que viven en las casas
el amor vive en las personas
que viven en la calle
que el amor viva es una tragedia
¿sabés?
porque todo lo que vive, muere
pero mirá, digo
sentir en un mundo tan triste
es un milagro
ojalá su amor sea infinito.

PALABRAS

Sé que vas a quererme sin preguntas,
sé que voy a quererte sin respuestas.

Mario Benedetti

A vos, que no te gustan las de-
mostraciones públicas, que escapás de toda declara-
ción romántica que exceda las cuatro paredes en las
que nos solemos encerrar para ser libres de las miradas, las voces y los cuerpos de esos ajenos, extraños,
innecesarios, mares de gente. A vos, que te enamoran la costumbre, la honestidad y los perros blancos
(por más que yo opine que parecen tontos y exce-
sivamente alegres). A vos y a tu boca, que es sucia
cuando habla de sexo, de dinero y de política, pero
ilustre, desconfiada y catastrófica cuando habla de
amor. A vos y a tus manos, que se tornan inquietas
cuando nos acercamos, aunque el entretelón de
nuestra relación siempre sea un abismo.

A vos y a tus deseos de revolución conflictuados con tu debilidad consumista. A vos, que sos hippie, comunista, capitalista, de izquierda, peronista, una mezcla concomitante y disparatada de clases, de ideas, de dudas. ¿Cómo no admirar esa discusión de personalidades que te habita? ¿Cómo no rendirme al ejercicio pleno de tu derecho de mutar banderas, fanatismos, creencias? Si eso es lo único constante, amor, el cambio.

A vos, que te tortura perder el control de las cosas, y que sos incapaz de contar una anécdota de forma breve, como si fuera un crimen ahorrar detalles (es tan gracioso y absurdo que te preocupen estas cosas). A vos, que te fascinan los instrumentos, las personas independientes y la cerveza fría. A vos, con tu buen humor matutino, tu manera lenta de comer y esa arruguita que se te forma abajo del ojo derecho cuando sonreís.

A vos, con tus miedos profundos, inestables, irracionales: a la entrega, a la vida, a llegar tarde al laburo. A vos, que exigís garantías para querer, pero te desarmás en un abrazo.

¿No te parece que PENSAR DE MÁS es la enfermedad terminal de los sentimientos?

A vos, mis palabras frágiles, rotas, inexactas.

MUNDO PARALELO

Su ausencia es tan grande
que parece que está ahí.

Patrick Ness

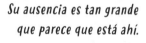

En un mundo paralelo, vos estás acá, durmiendo al lado mío, y yo te beso los ojos. No tengo más miedo a la soledad porque vos existís, y te compartís conmigo. En un mundo paralelo, vos estás acá, te despertás y me decís *te quiero*, apretándome fuerte las manos, como deslizando bajito el "no te vayas nunca" que fantaseamos desde que las películas nos contaron cómo era el amor. En un mundo paralelo, nos levantamos a hacer tostadas y las tostadas se queman porque nos colgamos riéndonos. En un mundo paralelo, tu carcajada es hermosa y constante, y la mía menos ruidosa y destartalada.

No sé si en ese mundo paralelo la justicia existe, ni si Dios ayuda a los que se levantan temprano. No sé qué música está de moda, si ahí las mariposas viven más de un día, si Diego Maradona les hizo ese mágico gol a los ingleses. Y no me importa. En ese mundo paralelo estoy idiotizada por vos y no siento culpa de que seas el sol al que le giran alrededor todos mis sueños. No sé en qué planeta vivimos ni si hay otros. Me da igual. Y si me escucha Copérnico, me mata, pero para qué quiero a Saturno si con tu abrazo me basta.

En un mundo paralelo, vos estás acá, gritándome nuestras diferencias y nos fascina no parecernos en nada. Tu mamá me adora, y tu papá tiene defectos. Nos vamos mucho de viaje, hacemos el amor en inglés, quemamos otra vez las tostadas.

En un mundo paralelo, vos estás acá, y la muerte muy lejos. Tenemos hijos, y tienen tu alma. Yo te amo con cordura, porque aprendí a amar.

EN
UN MUNDO
PARALELO,
VOS ESTÁS
ACÁ.

EN
ESTE, YA
TE FUISTE HACE
RATO.

Y yo aprendo y desaprendo tu ausencia. Y me acuerdo y me olvido de llorarte. Otra vez el miedo a la soledad me ataca... pero lo lucho, y está bien este lado, ¿sabés? Porque, en el fondo, no quiero un mundo sin el gol del Diego, y después de estudiarlo catorce años en la escuela, tengo que reconocer que a Saturno le tomé cariño.

NO SABÉS TODO LO QUE CORRÍ
PARA LLEGAR IGUAL TARDE A TU VIDA

RULI

Ayer se me acercó
un tipo borracho y drogado
me pidió plata
y me contó una historia de amor.
Se llamaba *Ruli*, el tipo
lo repetía a cada rato
y me tocaba un poco la pierna
mientras juraba no tener un harén
pero sí un par de minas por ahí
"aunque la única que me importa es ella".

Ella le escribía poesía en las paredes
de la ciudad
pero andaba con otro tipo,
no entendí bien por qué.
Ruli decía que por guita
pero estaba tan puesto
que no puedo asegurarlo.
"Ruli, andá a buscarla
no seas miedoso"
le dije
y el tipo se largó a llorar
como un desgraciado
y le seguí diciendo
"Dale, Rulito, no seas cagón"
porque a esa altura
ya éramos amigos.
"¿Ella me ama?"
me preguntó como diez veces.
Y yo le respondí a la onceava:
"¿Y de qué te sirve que te ame
si vos no hacés nada para estar con ella?"
Le vendí psicología a Ruli
en plena avenida Rivadavia
yo con una Heineken en la mano
y él con una curda de aquellas.

Tenía la nariz torcida Ruli
le daba a la frula como loco
estaba muy sucio y roto por fuera
casi tanto
como yo por dentro
(las dos cosas).

"¿Sabés dónde está?"
"Viviendo abajo del puente."
"¿Y la vas a ir a buscar?"
"Sí."
Sonreí y le volví a decir
para que no se lo borre
ni tamaña borrachera:
"Andá a buscarla, Ruli,
no seas cagón".
El amor que te vuela la cabeza es uno
los demás, los importan de China.

TODO BIEN,

LOS ACOSTUM-BRADOS

No miramos el cielo, porque lo tenemos siempre a la vista.

Jean de Monet

Ahí están, ellos son, los acostumbrados del amor. Con sus dos, tres, ocho años de relación. Con sus *todo bien, todo tranquilo* como respuesta a la pregunta *¿y ustedes cómo andan?* ¿Cómo se puede estar tranquilo y enamorado? ¿No es el amor la turbulencia de un avión con destino incierto? ¿No es el amor un huracán que arrasa la rutina? ¿No es el amor la más milagrosa y la más rebelde de las revoluciones?

Ahí están, ellos son, los acostumbrados del amor. Con sus almuerzos en casa de los suegros, y sus sábados de cine, y sus domingos de nada. Con sus besos fríos, sin lengua, apurados, habituales. Teniendo sexo siempre de la misma forma, sacándose la ropa de la misma manera, *ni siquiera mutua*, desvistiéndose cada uno por su lado, para hacer eso que *se tiene* que hacer.

Ahí están, ellos son, los acostumbrados del amor, deseosos de hacer fuego de las cenizas, esperanzados de resucitar lo que ya no sienten, desesperados por mirarse aunque sea una vez, una última vez, como la primera.

Ahí están, ellos son, los acostumbrados del amor. Y yo los reconozco apenas los veo, porque fui una, porque a veces el amor tiene esa puta costumbre de acostumbrarte. Pasás de ser una persona que vive un pogo emocional a la que se va antes de un recital para no bancarse el tránsito, para llegar rápido a casa, para qué.

Los acostumbrados del amor hablan demasiado de casamiento, de fidelidad, de monogamia, y callan el hastío y la tristeza de ver pasar los días sin que nada pase. Los acostumbrados se niegan a hacer cosas que los hagan felices por separado, a ver si eso todavía los separa, a ver si separados se dan cuenta de que están mejor. Los acostumbrados odian la costumbre pero no pueden dejarla. No saben quiénes son sin ella. ¿Vos sabés quién sos sin alguien?

Los acostumbrados pueden ser artistas u oficinistas, sagitario o capricornio, fanáticos de los Rolling o de los Beatles, porque no los define su profesión, ni su signo, ni sus pasiones, los definen sus miedos. En los acostumbrados todo gira alrededor del miedo.

¿Y si me quedo solo para siempre? ¿Y si no encuentro a alguien mejor? ¿Y si ésta es la persona que más me quiere en el mundo? ¿Y si mi aburrimiento es pasajero? ¿Y si la próxima relación que tengo también es así? ¡Pará! ¿Y si el amor es así... monótono?

Tibios. No saben lo que se pierden.

¿Para qué tenés el corazón? ¿Para experimentar o de adorno?

Insensibles. No saben lo que se pierden.

Si la vida es que te pasen cosas, que te pase alguna, carajo.

El amor a veces muere. Afuera del miedo hay amores vivos. Los amores vivos asustan más que los amores muertos. Los amores muertos no son amor, son fantasmas. Cuando abrazás demasiado tiempo a un fantasma, corrés el peligro de convertirte en uno. Y cuidado con eso, acostumbrado: los fantasmas no saben sentir.

MI VECINO

Mi vecino
tiene todos los problemas del mundo
en la cabeza
de verdad, todos los problemas
pero es buen pibe.
Cuando lo conocí
consumía mucha falopa
mucha
y bastante cerveza
quizás demasiada
tenía tres o cuatro amigos por noche
para salir al balcón
y gritar todos
y llorar todos
y amenazar todos con tirarse

pero no se tiraron nunca
ya aprendí que no se van a tirar
las primeras veces me asustaba
"estoy viviendo al lado de un desquiciado"
pensaba
"estoy viviendo al lado de alguien que sufre"
sentía
todos sufrimos
algunos de formas menos prudentes.
Cuando lo conocí
me tocaba el timbre
todas las madrugadas
"vecina, ¿querés tomar algo?",
invitaba.
"No, vecino, no te enojes
pero es domingo,
son las tres de la mañana,
estaba durmiendo
y no te conozco".
"Dale, vecina,
¿querés tomar algo?"
"¿Cómo te llamás?"
"Gonzalo"
"Bueno, Gonzalo, un gusto, andate"
Ring

Ring
Ring
"Vecina"
"¿qué pasa?"
"¿y vos cómo te llamás?".
Al tiempo de conocerlo
se puso de novio
con una mina
que le gritaba todo el día
"¡SOS UN INÚTIL!"
traspasaban las paredes
los gritos
me traspasaban
el pecho.
"Separate de esa loca
de mierda, Gonzalo"
pensaba,
pero nunca se lo decía.
Y la mina insistía
que él tenía que cambiar mucho
que *ya estaba grande para ser*
tan pelotudo
y le llenaba el balcón de plantas
cada vez más vida en el balcón de Gonzalo
y Gonzalo cada vez más muerto.

Tenían mucho sexo
creo que por eso no se separaban
sexo
a toda máquina
a todo cuerpo
las paredes de estos departamentos
son de papel
se escucha todo
todo, todo, todo
yo no quería escuchar cómo cogían
tampoco cómo gritaban
y discutían
y lloraban
y escupían reclamos
y mierda del otro
las miserias más grandes
se vomitaban
y yo no quería escuchar
pero son de papel estas paredes
ya lo dije.
Se separaron
después de un año
menos mal
chau, loca, chau
andá a psicopatear a otro.

No me gustaba esa mina
no me gustan las personas manipuladoras
y no me gustan las plantas
el abuso de plantas
el exceso de plantas
y los *¿las regaste, Gonzalo?*
y los *¿las estás cuidando, Gonzalo?*
y *los no podés hacerte cargo de nada, Gonzalo*
chau, loca, chau.

Yo no suelo estar de un lado
me muevo mejor en la incertidumbre
pero ¿sabés por qué defiendo
a mi vecino drogón, borracho y melancólico?
porque el pibe antes de conocerla
se reía
por ahí por la droga
por ahí por la birra
pero se reía...
no me dejaban dormir las carcajadas
de Gonzalo
y después llegaron los
sos un inútil
y los
ya estás grande para ser tan pelotudo

y no se rió más
no me dejaban dormir las lágrimas
de Gonzalo.

Nunca fui buena
soportando la tristeza ajena
sin transformarla,
pero tampoco podía decirle:
"Separate de esa loca de mierda, Gonzalo,
te hace mal,
yo sé,
las paredes son de papel".
Ahora está tranquilo
no hace bardo
el dolor te hace crecer,
dicen.
(Igual todavía no lo escuché reírse).
En dos meses me voy de acá.
Te voy a dejar esto por abajo de la puerta, Gonzalo.
Ojalá te guste
y te rías cuando leas
que me encantó que hayas tirado
esas plantas de mierda
me habían llenado
el departamento de hormigas.

LA PUERTA DE LA IMAGINACIÓN

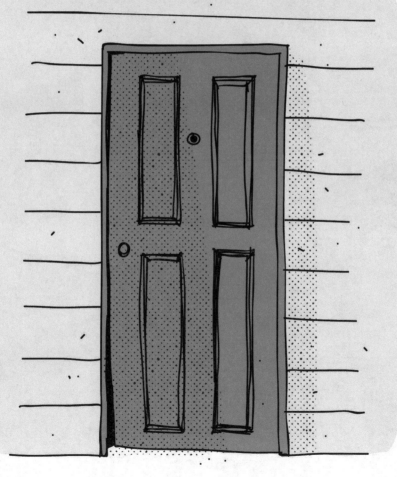

EL SECRETO DE PABLO

Hola, desconocido. Soy Pablo, tengo diecinueve años y soy p...

No lo supe siempre, me di cuenta hace algunos años. Me atragantó. A veces pasa eso con las revelaciones: se te quedan en la garganta. No lo hablé con nadie, no puedo. ¿Tenés secretos vos? Yo creo que todos tenemos al menos uno. En este mundo los secretos se esconden, a menos que den dinero, ahí salen en televisión. Mi secreto no tiene ningún atractivo económico, por eso no hay periodistas en la puerta de mi casa, acosándome con micrófonos y caras de cachorrito mojado, fingiendo angustia e interés por mí.

"Pablo, hay versiones de que usted es p... ¿Son ciertas?" "Pablo, llegó una información hoy a la mañana de que usted estaría a favor de..." "Señor Pablo, Pablo, señor Pablo... ¿No va a responder?"

Soy una persona común y corriente, mi secreto no me hace especial. Desearía no tenerlo con la misma fuerza con la que lo siento genuino, propio, definitivo. Me da terror que se enteren mis amigos. Sé que me dejarían de lado. Quizás estás pensando: "entonces no son tus amigos". Lo son, pero juegan al rugby. No es un prejuicio, yo también juego al rugby. Los que practicamos este deporte en mi club tenemos mucha plata, y muchas ganas de golpear gente. Cuando tenés mucha plata, te importa la apariencia. Cuando tenés muchas ganas de golpear gente, cualquiera que aspire a quebrantar la apariencia, te genera violencia.

El viernes pasado casi se lo cuento a Martín, en el vestuario, después de un entrenamiento. Se habían ido todos y nos quedamos charlando. Hablábamos de mujeres, él hablaba de mujeres, está voladísimo por una piba que conoció en Cuba, de viaje. Me contaba que la piba lleva cosas de contrabando a La Habana, que unas personas le llenan la valija de ropa y medicamentos, le pagan el pasaje, y ella se queda unos días ahí, repartiéndolas, que hace eso tres o cuatro veces al año. Me dijo: "¿A vos te parece que me enganche con una flaca tan desquiciada? Contrabandea, Pablo". Y yo me reí, y nos quedamos callados, y tuve ganas de contarle, no sé por qué. Tuve ganas de decirle que quizás yo también estaba desquiciado, y que tal vez no era tan malo, que por ahí también me podía querer, me podía seguir queriendo como amigo. Pero no le dije nada, le cambié de tema. Encima de p..., soy cagón.

Fuera del rugby, tengo amigos de inglés. Uno creería que la gente que habla otros idiomas, tiende a viajar mucho y tener la cabeza más abierta, pero tengo la certeza de que no. A veces, las cabezas se abren solo para que entre más mierda. Mis amigos de inglés viven, como yo, en San Isidro, y quieren mudarse a Nueva York. No sé qué le ve la gente a Nueva York, pero la mayoría de las personas que la conocen, se enamoran. ¿Será porque uno se enamora más fácil de lo que hace mal? Yo me quiero ir a vivir a algún pueblo. Y cuando todos me conozcan, mudarme a otro pueblo. Así, indefinidamente.

Ser un poco de todos los lugares, para que nadie me conozca en profundidad, para demostrarme a mí mismo que puedo vivir sin la mirada de los otros, para demostrarles a los demás que su mirada es mutante, regional, insignificante.

Tenía novia, hasta hace unos meses. Se llama Virginia y tiene los ojos más azules que el cielo. Su corazón también es azul, frío y oscuro. Virginia era, para mí, el mar de noche. Pero me hacía falta. Los Pablo de San Isidro que juegan al rugby necesitan una Virginia de San Isidro que ame Victoria's Secret y diga "negrito cabeza". No puedo explicar por qué, pero lo podés ver en cualquier restaurante de zona norte, cualquier noche del año, al menos, en una mesa. Fijate bien cuando vayas a comer a un lugar donde se desplieguen varios cubiertos sobre el mantel, y las personas estén con caras serias, mirando su teléfono más de lo que se miran a sí mismos. Fijate bien y vas a ver el vacío en sus ojos, detrás del maquillaje, vas a ver el vacío en sus manos, debajo del Rolex. Fijate bien y vas a ver un Pablo y una Virginia fingiendo conversar, entenderse, amarse.

Virginia nunca me quiso, pero desde que la dejé me odia. No me preocupa, sé que apenas encuentre un Ramiro o un Benjamín, va a estar bien.

Me llevó tres años asumir que no se puede ser p... y salir con una Virginia. Muchas veces lo más sencillo de la vida es lo que más cuesta ver.

Ser p... me despierta a la noche, transpirado y asustado. Ser p... me hace sentir inferior, extraño, herido. Ser p... no es una elección, es algo que te atraviesa. Ser p... me atravesó los dedos, y ni siquiera lo puedo escribir.

Ser p... es lo que va a hacer que mi mamá me grite qué hizo mal, es lo que va a hacer que mi padre golpee la mesa del living antes de golpearme en la cara. Ser p... es lo que va a hacer que el barrio me mire como si fuera un fenómeno raro de circo, que mi abuela me deje de mirar porque le doy vergüenza, que mi tío milico y de derecha me diga que me hubiera venido bien haber hecho la colimba.

Ser p... es mi cruz y mi verdad. Lo tengo encendido en el pecho desde que lo conocí a Juan. El fuego no se apaga. Cada vez que lo escucho hablar, sé con toda mi alma que soy p...

No estoy solo, hay un montón de gente como yo. Quizás vos sos uno, por eso te hablo. Algún día, vos y yo, nos vamos a animar a juntar a todas las personas que nos juzgarían de saberlo, los vamos a sentar alrededor de una mesa, los vamos a mirar callados un rato largo y después vamos a decirles en la cara, aunque se les parta, aunque les duela, aunque se les caigan los Rolex, aunque les exploten los prejuicios y sus ojos azules revienten en lágrimas:

Amigos, familia, gente,

Soy peronista.

CARMESÍ

*Reivindico mi derecho a ser
un monstruo, y que otrxs
sean lo normal.*

Susyshock

Me fascinan los labiales. Su forma, su color, su suavidad. Me gusta pasármelos por la piel, por los labios. Me gusta pintar, a veces, papeles con ellos. Colecciono labiales desde que tengo doce años. Doscientos siete labiales que nunca usé, que ni siquiera saqué de su envase. Treinta y nueve labiales que cuentan versiones de mí que no le repetí a nadie. Perdí solo seis. Me dolieron inmensamente. Mi color favorito de labial es el carmesí. *Tus labios de rubí, de rojo carmesí, parecen murmurar mil co-*

95

sas sin hablar... Me baño la boca de carmesí y sueño que Sandro compuso para mí esa canción, que me la canta al oído, que ninguna boca luciría tan bien esa letra como la mía. Sueño con Sandro cada vez que me pinto los labios, y por lo menos, una noche a la semana, cuando duermo, con mi boca desnuda de carmesí, con mi boca llena de nada. Hay dos verdades horribles en esto, y no sé cuál es peor. Despertar del paraíso carmesí a mi vida nula, o esos cinco minutos posteriores en los que entiendo que Sandro nunca va a soñar conmigo.

Soy un monstruo encerrado en el cuerpo de un hombre que se pinta los labios.

El psicólogo me preguntó el otro día qué me hacía feliz. Yo le dije: "Mi mujer, mi hija, jugar al ping-pong, las tostadas quemadas en su punto exacto". Él sonrió. Pobre. Ojalá le hubiera dicho: "Mi colección de labiales y los discos del Gitano, de todo lo demás puedo prescindir". ¿Se habría desfigurado su cara de doctor de las palabras? ¿A quién le empezaría a echar la culpa? ¿A Mamá Golpeada o a Padre Borracho?

Soy un monstruo encerrado en el cuerpo de un hombre que tiene un secreto.

Julio, el contador. Julio, el papá de Milagros. Julio, el esposo de Emilia. Julio, el mejor amigo de Ernesto. Julio, el que se pinta la boca escondido en los baños, y se mira, y se ríe, y después llora por no poder pintarse la boca a toda hora, en todo momento, en todo lugar.

Soy un monstruo encerrado en el cuerpo de un hombre que no quiere ser monstruoso, pero lo es.

La primera vez que fui feliz era verano. Mamá estaba sentada en la cocina, y en la mesa tenía un espejo circular en el que se miraba, y se tapaba con cuidado los moretones de la cara. Yo me acerqué, con mis diez años y la inocencia tan herida como sus pómulos, y le dije, bajito, para que no se enterara Dios: "Cuando sea grande, voy a matar a papá, y a vos nunca más te va a doler nada". Mi mamá me miró sonriendo, llena de lástima en los ojos, y me dijo: "Julito, vení, dame un abrazo y dejá de decir pavadas". Me sentó en sus piernas, y se siguió maquillando. Entonces lo vi, en medio de todas sus cosas, brillando, gastado, viejo, hermoso, carmesí. Ella me miró mirarlo, lo agarró y se pintó la boca. Vaya a saber por qué, me la pintó también a mí. Yo sentí la electricidad en las venas. Me volví loco de alegría. Mi mamá me besó la frente y me dijo: "Mi pequeño payaso".

Soy un monstruo encerrado en el cuerpo de un hombre que no deja salir al monstruo.

Dos años después, Mamá murió. Padre Borracho la mató partiéndole en la cabeza una botella de lo que lo mataba a él, y se escapó. Niño Payaso quedó en casa, con una promesa incumplida y un cuerpo que cuando estaba vivo le contaba historias de piratas y le pintaba los labios de rojo. Hombre Policía fue a buscar al niño payaso una semana después, Maestra había denunciado que no estaba yendo al colegio. Lo encontró abrazado al cuerpo de Mamá, pálido y mudo. Asistente de menores llevó al Niño Payaso a un orfanato, Niño Payaso se llevó el labial carmesí de Mamá escondido en un bolsillo del pantalón, sin todavía poder decir nada. Cuidó ese labial con su vida. En un orfanato no importa el nombre, ni la historia, ni el dolor. En un orfanato importan los objetos. En los lugares en los que nadie tiene nada, cualquier cosa es un tesoro. Le costó muchas palizas pero nadie le robó ese labial. Niño Payaso tuvo que dejar de pintarse la boca a diario para no gastarlo todo, y lo hizo. A los dieciséis años, una tía lejana lo rescató. Le dijo: "Julito, lo que te pasó fue terrible. Pero tenés que luchar para olvidarlo, tenés que salir adelante". Lo ayudó mucho esa tía. Lo convenció de terminar el colegio. Le dio casa, comida, y labiales que robarle de noche, un ratito, un solo ratito. Lo convenció de estudiar en la universidad. Para ese entonces, Niño Payaso ya no era niño, ni payaso.

Soy un monstruo encerrado en el cuerpo de un hombre que dice desear matar al monstruo, pero miente. Quiere morir él.

Me fascinan los labiales. Su forma, su color, su suavidad. Me gusta pasármelos por la piel, por los labios. Me gusta pintar, a veces, papeles con ellos. Colecciono labiales desde que tengo doce años. Hoy tengo treinta y siete. Ya soy grande. Encontré a papá y lo maté. Estoy pensando qué labial ponerle en forma de despedida. Nunca el carmesí.

Soy el cuerpo de un hombre al que pronto van a encerrar. El monstruo escapó.

Cosas

Qué más da si la herida se me pudre,
me conformo con que ya no me duela.

Xavier Velasco

Pero a los ciegos no les gustan los sordos
y un corazón no se endurece porque sí.

Indio Solari

I.

—Mariana, ¿vos me estás dejando?

—Sí.

La vida. Esa cosa revoltosa que te deja de cara un martes a las siete de la tarde. Uno se espera los problemas, claro que se los espera. Yo siempre estoy esperando los grandes: una bala perdida en Navidad, que me echen del laburo por la crisis económica, la muerte de mi abuela Inés, que ya tiene ochenta y cuatro años. ¡Pero no, qué se va a morir la vieja! Es inmortal. Saludó al último dinosaurio vivo. Y la crisis económica... ¡Argentina, viejo! ¿Qué existe fuera de la crisis en nuestra economía? ¿Para qué me van a echar si me pagan monedas y la mitad en negro? De la bala perdida en Navidad nadie está a salvo, pero ¿por qué se va a perder justo en mi cabeza? ¡Miedos! ¡Miedos grandes y estúpidos! La realidad demuestra que la mitad de nuestros problemas son imaginarios. Los verdaderos ni se asoman por nuestros pensamientos. Aparecen y te dan vuelta la existencia un martes a las siete de la tarde.

—Pero, ¿por qué? No entiendo. ¿No íbamos a comprar una casa juntos?

—Sí, Javier. Íbamos.

—¿Y qué pasó? ¿Conociste a otra persona?

—No, no conocí a nadie. No se trata de nadie. Se trata de nosotros.

—Te cogiste a Matías, el boludo de contabilidad, ¿no?

—No, Javier. No me cogí a nadie.

—¿Y entonces? No... no entiendo. Estás trayendo tus cosas acá hace meses, empezamos a vivir juntos, teníamos un proyecto.

—Bueno, Javier, ya no lo tenemos más.

Así se tiran cuatro años de relación a la basura. Teníamos un pasado y un presente, pero ahora solo tenemos cinco palabras nuevas: No-existís-en-mi-futuro.

Mariana estaba decidida a borrarme de su vida, como si yo fuera una palabra mal escrita en su cuaderno recién estrenado. Y yo, desconociéndome, rompí en un llanto histérico.

—No me dejes, mi amor, por favor, no me dejes. —En un impulso la tomé del brazo.

—Javi, pará.

—Hago lo que sea.

—Javier. —Mariana me fulminó con la mirada. La solté.

—¿Es porque estoy gordo?

Mariana hizo un silencio.

—No estás gordo. ¿Qué decís?

—No vamos más a comer los domingos a lo de mi vieja. Pensé que se iban a empezar a llevar mejor, pero si no se llevan bien, no pasa nada. No tienen por qué. Y nos podemos ir un fin de semana a Córdoba. ¿No querías conocer Córdoba vos? Sí, podemos hacer eso. La casa puede esperar. ¿Para qué nos vamos a comprar una casa? No, no tiene sentido. Podemos seguir viviendo acá, juntos. A Europa nos podemos ir, sí, eso. ¡A Europa! Como soñaste desde chiquita.

Mariana se levantó de la silla, fue a la cocina y se sirvió un vaso de agua.

—¿Querés?

—No, no quiero agua. Quiero que me expliques qué mierda te pasa.

—Me está esperando un taxi abajo. —Mariana se tomó el vaso de agua de un tirón.

—¿Qué? ¿Te vas así? Pará, hablemos.

—Ya hablamos dos horas.

—Pero… ¿no te gustó la idea de viajar a Europa?

—Me llevo un bolso con mi ropa.

Sus palabras me laceraron como una navaja.

—¿Cuándo te armaste un bolso?

—Antes de que llegaras. Salí temprano de la oficina.

Mariana nunca tomaba decisiones en el momento, las tejía como a una telaraña. Si había salido temprano de la oficina, es porque ya había planeado hacía tiempo salir temprano de la oficina.

—¿Cuándo decidiste esto?

—En mi cumpleaños.

—Tu cumpleaños fue hace dos meses.

—Me voy, Javier. Me llevo mi copia de llaves. Voy a venir cuando estés trabajando para llevarme las cosas que me quedan acá.

—Pará, loca, ¡pará! ¿No sos feliz conmigo?

—...

—¿No me amás más?

—No, Javi. No te amo más.

Y se fue.

No-te-amo. No-existís-en-mi-futuro. Mi-futuro-sí-existe-pero-no-es-con-vos. La vida. Esa cosa revoltosa que te deja de cara un martes a las siete de la tarde.

No sé cuántas horas me quedé mirando la pared, esperando que ella volviera. Cuando Mariana cruzó la puerta, el tiempo se desfiguró. Ella se fue... y *todo... se... volvió... más... len... to.*

Hizo que todos los días fueran el mismo día.

Todos... los... días... el... mismo.

No-te-amo. Yo tampoco me amo ahora, Mariana. ¿Me puedo querer sin que me quieras? ¿El amor es algo que viene de afuera o de adentro?

Seguí yendo a trabajar, seguí yendo a los partidos de fútbol de los miércoles, seguí llamando a mi vieja todos los días a las ocho de la noche, seguí comiendo como un orangután. Seguí, porque de eso se trata siempre, de seguir. Al mundo no le importa cómo te sentís, le importa que cumplas-tus-obligaciones.

Todos... los... días... el... mismo.

Empezaste a venir por tus cosas cuando yo no estaba. Lo primero que te llevaste fueron los CD. El de Spinetta era mío... pero no te llamé para reclamártelo. ¿Cómo se le pide un CD a una mujer sin decirle "volvé, te necesito"? Yo no sé. Por eso, elegí no pedirte. Después, fueron las sábanas *(¿por qué las necesitabas tan urgente?).* El velador de tu lado de la cama *(lo odiaba, hiciste bien).* Te llevaste los cuadros, las macetas del balcón, tus libros, el espejo del cuarto, lo que te quedaba de ropa y cuatro años de relación.

Moría de ganas de verte. Pero, ¿para qué te iba a buscar? Amar a alguien también es no seguir lastimándolo cuando ya no lo podés hacer feliz. Y yo no te hacía feliz, y vos ya-no-me-amabas.

El tiempo... empezó a ir... unpocomásrápido.

Dejé de comer como un orangután y adelgacé cinco kilos, me puse de novio con Laura Torres (tenías razón, me tenía ganas y no me había dado por aludido), me recibí de abogado, rescindí el contrato del departamento que compartimos dos míseros meses en Congreso, la abuela Inés resultó ser mortal y me dejó tras su partida, con ochenta y cinco años recién cumplidos, una suma de dinero lo suficientemente importante para comprarme mi propio lugar. Y entonces, en medio de la mudanza a mi nueva vida, la vi. Hecha un bollo, llena de pelusas, abajo del sillón, tu remera favorita. Te la había comprado yo en un recital de los Redondos apenas nos pusimos de novios y la tuviste puesta hasta que se suicidó de uso social para pasar a un mejor destino: ser pijama. Tu *remepijama* favorito. La agarré, y le sacudí la suciedad del tiempo. La cara del Indio Solari me miró con el ceño fruncido, como prohibiéndome tirarlo al tacho de basura. Tragué saliva y me acerqué al teléfono. Hacía más de diez meses que no escuchaba tu voz. Pero todavía me sabía tu número de memoria.

—Hola.

Carraspeé. Me temblaban las manos. *¿Corto?*

—¿Hola?

Apreté la remera con fuerza.

—Hola, Mariana. Te habla Javier. ¿Tenés un minuto?

II.

¿Cuál es la verdadera desgracia? ¿Amar o no amar? Freud decía: *Si se ama, se sufre. Si no se ama, se enferma.* ¿Y entonces qué hacemos, Sigmund querido? La importante cuestión, la duda que convierte todas las certezas en fantasmas: ¿siempre hay uno que ama más que el otro?

¿El amor se puede medir en cantidades?

La importante cuestión, la duda que convierte todas las certezas en fantasmas: si soy la que siente que ama más, ¿soy la que pierde o la que gana?

¿El amor se puede medir en resultados?

Javier. Cuatro años de Javier y sus "más adelante lo hablamos, lo vemos, lo hacemos, mi amor". Vivir atrapada en la rutina de las decisiones lentas. Se posponen las alarmas, no la vida, Javier. A la vida hay que llegar temprano.

Sentirme nada, prescindible, invisible. ¿Cómo resucitar una relación que no se muere, pero tampoco busca respirar?

Y sí, logré que vivamos juntos, logré que nos vayamos de vacaciones una semana a Brasil, logré que planeáramos comprar una casa. Pero ¿cuánto insistí? El amor no se mendiga.

"Los tipos son más dormidos, Mariana, si fuera por ellos, ni se mueven del sillón. Hay que apurarlos. ¿Vos creés que tu papá se quería casar conmigo al año de novios? No, nena, lo apuré. Y acá estamos, cincuenta y tres años de matrimonio felices".

Yo le conozco la cara a mi papá. Y si esa que tiene es su cara feliz... prefiero no conocerle otra. El amor, me repito frente al espejo todas las mañanas, no se mendiga.

Algo terminó de romperse dentro mío en mi cumpleaños. Estábamos con Javier, acostados en la cama, eran las diez de la noche y había esperado su saludo todo el día. Pensé que se estaba haciendo el tonto, que tenía una sorpresa inmensa. Qué idiota. Diez y media. Once. Once y media. Esperé incluso que un minuto antes de las doce saltara de la cama y me dijera: "¡Ah! ¡Te la creíste! ¡Feliz cumpleaños, mi amor!". Pero siempre me faltó fe para ser testigo de un milagro.

Se acordó dos días después. Me llevó a casa unas disculpas, un "se me pasó porque estoy cargadísimo de laburo" y un ramo de rosas.

—Javi... soy alérgica a las flores.

—Uh, pensé que eso te pasaba en primavera nada más. ¿Las tiro?

Me quiero separar.

Empezó a crecer esa sensación adentro.

Me quiero separar de Javier.

Empecé a llegar tarde a casa, necesitaba aprender a no extrañarlo. Empecé a hablar demasiado con Matías, el chico gay de contabilidad. Le pedía consejos, y Matías me daba la atención que Javier no podía o no quería darme. Eso me fue enojando más. Empecé a salir sin él, a comer sin él, a pensar en mí. Lo único que registró fue que no estábamos teniendo tanto sexo. Le dije que últimamente había estado muy cansada. Omití: de vos. No insistió.

Lloré.

Lloré en el baño del trabajo y en la cocina del departamento. Lloré en el subte, lloré cuando él no estaba, lloré mientras él dormía, lloré en sueños.

Lloré hasta que me quedé sin lágrimas. Y un poco más también.

Matías me dijo un lunes: "Lo tenés que dejar, Marian. Pero no de verdad, asustalo. No reacciona, lo vamos a hacer reaccionar. Hacé una cosa: un día de estos, llegás temprano a tu casa, te armás un bolsito con alguna ropa, lo esperás y le decís que no querés saber más nada con él. No le explicás nada, solamente le decís que no lo querés ver más, y que vas a ir por tus cosas cuando él no esté. No importa lo que te diga, no lo escuchás. Lastimalo, lastimalo un poco. Que sufra, que sienta que te va a perder. Y después, cuando ya esté bien apichonado, te pedís un taxi y te vas. ¿Sabés cómo se va a quedar? ¡Muerto! ¡En tres días lo tenés rogándote que vuelvas con él!".

Pero no rogó. Ni siquiera llamó para saber si era definitivo. Dejé pasar una semana y empecé a llevarme las cosas del departamento. Primero, los CD. Agarré los míos y me robé *Pelusón of Milk*, su favorito de Spinetta. Javier no se daba cuenta de casi nada, pero lo de Spinetta no lo iba a poder ignorar. Matías me hubiera matado de saberlo, pero necesitaba con todo mi corazón que Javier me llamara. Escuché "Seguir viviendo sin tu amor" hasta que lo rayé. Furiosa, volví al departamento del diablo y me llevé las sábanas. "Que piense que estoy cogiendo con alguien, imbécil de mierda". El teléfono siguió sin sonar.

Me llevé el velador, los cuadros, las macetas del balcón, mis libros, el espejo del cuarto y lo que me quedaba de ropa, sin que Javier me dirigiera la palabra.

A los quince días, en lo de mis viejos, el silencio decidió lo que yo no había podido. Rendida, desarmé el bolso y cuatro años de relación.

El amor no se mendiga.

III.

—Hola.

Javier carraspeó. Le temblaban las manos.

—¿Hola?

Javier apretó la remera con fuerza.

—Hola, Mariana. Te habla Javier. ¿Tenés un minuto?

—¿Javier? Ah, querido, ¿cómo estás? Habla Mercedes. Ahora te paso con Mariana.

Javier se sintió como un estúpido. Nunca había tenido la sutileza de diferenciar la voz de Mariana y la de su madre.

—Hola.

—Hola, ¿Mariana?

—Sí.

—Habla Javier.

—Ya sé.

Mariana temblaba con el teléfono en el oído, mientras su madre le hacía muecas extrañas, maldiciendo al ex novio de su hija.

—Te llamo porque... ehh... te quedó una remera acá, ¿sabés?

—¿Una remera?

—Sí. La del Indio. Tu pijama.

—Ah... mirá. Pensé que la había perdido en el viaje a Brasil.

—No, está acá.

Mariana pensó "¿Me está llamando después de un año por una puta remera?", pero dijo:

—Bueno. ¿Me la podés alcanzar al laburo? —Mariana no quería su pijama, quería verlo.

—¿Seguís trabajando en Maipú? —Javier frunció el ceño. Había pasado varias veces por la puerta de la oficina de Mariana, esperando cruzarla, sin éxito.

—Sí. Me enteré que vos no estás laburando más en el estudio, te recibiste.

—Sí.

—Y te cogés a Laura Torres.

Javier tosió. La madre de Mariana abrió los ojos como una lechuza. "La boca, nena", le susurró.

—Perdón. Fue un chiste desubicado. ¿Me podés llevar la remera al laburo, entonces?

—Sí... sí. Mañana te la llevo.

—Mañana es domingo, Javier.

—El lunes.

—Dale. Chau. Gracias.

—Chau, Maria...

Mariana colgó antes de escuchar su nombre.

IV.

Se volvieron a ver las caras un lunes cualquiera. Corría el año 1994 y en el mundo no habían pasado demasiadas cosas. El último concierto de Nirvana, el suicidio de Cobain, el nacimiento de los primeros celulares en Colombia, la reinauguración de la Capilla Sixtina en el Vaticano. Quizás el mundo se había mantenido bastante en paz durante el año para desatar la guerra en Buenos Aires, ese lunes, en la calle Maipú.

Por el contrario de lo que se imagina, no hubo gritos, no hubo reclamos, no hubo discusión. Tampoco hubo besos. Apenas un tímido abrazo. Javier y Mariana se declararon la guerra en silencio. Fue una guerra muda, pero letal. Juraron, sin palabras, con todo el corazón, no volver a quererse.

Mariana no le dijo que lo había esperado. Javier no le dijo que la había buscado. Conversaron de cosas superfluas. Javier le devolvió la remera a Mariana. Mariana le devolvió el disco (rayado) de Spinetta a Javier. Se sonrieron como dos extraños que se chocan en la calle, y uno dice "perdón" y el segundo dice "no, perdoname vos, no te vi" y desaparecen, y desde ese momento no significan más que ese empujón en el día del otro. No se dejaron llorar.

Mariana deseó acariciarle el pelo a Javier. Javier ansió preguntarle a ella si se había vuelto a enamorar. Sus ganas quedaron en intenciones. Eso suelen ser las despedidas, tibias decisiones, mar de incertidumbres, verdades confundidas.

Se querían tanto que no querían quererse más. Con la misma diplomacia que se termina una guerra, se dieron por terminados. Vulnerados y rendidos, se murmuraron adiós.

Mariana, sin entender bien por qué, no volvió a escuchar a los Redondos. Javier, sin recordar bien por qué, los martes regresa a casa cuando Laura ya está dormida.

A veces, se piensan. *Y... el... tiempo... se vuelve... un poco... más... len... to.* A veces, se sueñan. *Yeltiemposevuelveunpocomásrápido.*

Llevan las heridas invisibles de las cosas que no se dijeron. Y en silencio, sangran.

La **LOCA** Tita

Ver el horror/ verlo en lo cómico/ y ver lo cómico en el horror/ ése es el juego / cayendo a tientas por el pozo/ o atravesando el blando espejo/ lo que no es loco no es verdad // llama la risa a lo siniestro / llama el sentido al sinsentido / llama el pensar al desvariar / lo que no es loco no es verdad // al golpetear de un remo y otro salpicó el agua // golpeaba un remo, golpeaba el otro / el río dijo: lo que no es loco no es verdad // ése es el rumbo.

Leónidas Lamborghini

Cuando estoy entre locos, me hago el loco.

Diógenes de Sinope

En el barrio le decimos la loca Tita. Tita porque se llama Roberta, y loca porque no deja pasar oportunidad para gritar barbaridades a los vecinos. Tita insulta que da calambre, y al contrario de otros locos, su relación con la coherencia es inaudita. Tita acusa con la verdad. "Yo estoy loca, pero no soy boluda", me dijo una tarde muerta de domingo que vino a casa a tomar mate. "A vos el Mario te pega, nadie que sepa cebar amargos tan buenos como vos, coordina tan mal los pies para bajar las escaleras", me tiró, y a mí casi se me cae la cara con la dignidad al piso. En ese entonces, era cierto que Mario me pegaba, muy poquito, solo cuando tomaba de más. Yo pensaba que nadie se daba cuenta, que los moretones eran chiquitos, pero la loca Tita tenía la mirada de los ciegos, era de las pocas que podían ver de frente al sol sin lastimarse los ojos y me lo cantó, con la confianza que canta el envido un tramposo. Cuando Mario supo que la loca Tita me había dicho eso, me dejó de pegar. Una cosa era excederse con unas copas, y otra que los vecinos se enteraran. Sabía que Tita lo iba a perseguir a las puteadas, y que cuando eso pasara, él se iba a morir de vergüenza. Mario también estaba loco, y tampoco era boludo.

En el barrio le decimos la loca Tita. Tita porque se llama Roberta, y loca porque asegura que habla con los animales, más que nada con los perros. "En la vida anterior, fui callejera", me contó un miércoles mientras yo barría la vereda. "Marroncita, de cola larga", sonrió satisfecha. "Por eso hablo el idioma animal, y por eso no me llevo bien con los gatos", entrecerró los ojos. "Los gatos no son de fiar, ni siquiera los de buen corazón, que son pocos pero los hay. ¿Vos sabés qué fueron en su vida anterior los gatos? Abogados, políticos, y empleados del Fondo Monetario Internacional. ¿Y sabés qué son en su vida posterior los perros? Tita. Vos fijate, nena, en quién confiás".

En el barrio le decimos la loca Tita. Tita porque se llama Roberta, y loca porque usa siempre la misma ropa y se la pone al revés. Tiene la etiqueta de su remera naranja en la garganta, las alpargatas en el pie opuesto, el cierre de la pollera larga y floreada en el ombligo. Dice que todas las personas necesitamos una incomodidad en la vida, pero no todas podemos elegir cuál. "Yo elijo cómo ser infeliz, Olguita. Yo elijo a consciencia las cosas de las que quejarme. Y elijo que sean pocas, porque apenas se te va la mano, te convertís en una persona amargada. Y de la amargura no hay retorno".

En el barrio le decimos la loca Tita. Tita porque se llama Roberta, y loca porque tiene casa y familia, pero duerme seguido en la calle. "Cuando uno está de remate, lo quieren mandonear. Le dicen a qué hora comer, a qué hora dormir, cuándo hay que bañarse. Lo ponen a mirar televisión, lo dejan salir poco a pasear, le meten pastillitas. Algunos días lo soporto, y otros días un carajo, me escapo. Cuando uno está cuerdo, dirige la vida de otros porque cree que sabe más que cualquiera. Yo estuve cuerda una vez hace mucho. Iba al banco, tenía mi plata, tenía mi trabajo, pagaba impuestos, usaba documento, hasta tuve pasaporte. Tenía mis hijos, mis cigarros, mis clases de pintura, hacía filas para comprar cosas. Yo estuve cuerda y después no lo estuve más... y espero no volver a estarlo, porque ya me olvidé cómo se hacía".

A mí me gusta conversar con la loca Tita, por más que Mario me ponga caras y me diga que voy a terminar como ella, sola y desquiciada, con las zapatillas en los pies equivocados. Me gusta porque aprendo cosas, y porque nunca dudo que esté loca, pero a veces dudo que no sea libre.

Va ligera de equipaje la loca Tita, carga solo con su locura, y jura que después de haber perdido la cabeza, no tuvo miedo de perder nada más. Tiene el dolor tatuado en los ojos la loca Tita, pero nunca me contó por qué.

Hace un tiempo, empecé a tomar notas de nuestras charlas en un cuaderno que tengo escondido en el segundo cajón de mi mesa de luz. Hay una de sus frases que leo todas las noches antes de dormir, mientras Mario se encierra en su ritual del baño:

"Este mundo se divide en rotos, y descosidos, Olguita. Y cada ser humano tiene que preguntarse qué daño le han hecho las cosas que ha vivido, para saber de qué lado está. La diferencia es fundamental. Lo roto no tiene arreglo, siempre hay pedacitos irrecuperables... y por más que se repare bastante bien lo dañado, sin esos pedacitos, ya no será más la misma pieza. Yo estoy de ese lado, querida, a mí se me partió la cordura y eso ya no tiene solución. Pero la mayoría de las personas están descosidas, y por el sufrimiento que les causa la herida abierta, se confunden y se creen rotas. Vos sos una descosida, Olguita. Tenés que buscar el hilo, el tiempo y la paciencia para recomponerte. Pero no estás rota. Tu dolor no es definitivo. Quizás sea desgarrador, pero no es definitivo. Aprendé a coserte, nena, que para aprender nunca es tarde".

LA PUERTA QUE CREE QUE LAS PUERTAS SOLO SIRVEN PARA CERRAR

ENEMIGOS

*La oscuridad no existe, lo que llamamos
oscuridad es la luz que no vemos.*

Henri Barbusse

Estamos los que vivimos de noche, y están los que viven de día. El mundo está hecho casi enteramente para el segundo grupo, y los del primero... bueno, nos acomodamos. A las seis arriba, a las ocho a la oficina, a las diez y diez los recreos, hasta las tres los bancos. De noche no hay subtes, de noche se duerme, la noche, dicen, es para los poetas, los borrachos y los drogadictos... y los poetas que se drogan cuando se emborrachan, por supuesto. Los que vivimos de noche solemos enamorarnos perdidamente de los amaneceres, pero jamás nos despertaríamos a ver uno. Los que viven de día suelen vivir más años, pero ¿viven?

Los *nochescos* estamos destrozados por dentro. Los *aburridías,* también, pero lo disimulan mejor. Porque ellos no se toman tres cervezas y lo gritan en un bar, en la cara de un desconocido, mientras se piden la cuarta. Ellos lloran su soledad, bien tempranito, en un baño. Y se limpian las lágrimas, bien rapidito, antes de tomarse un desayuno cargado. ¡Desayuno! ¿Qué sabemos los nochescos de desayunar? Si nos levantamos diez minutos antes de salir, con ganas de seguir durmiendo, mordiendo lo primero que encontramos en la casa, si es que encontramos algo, si es que tenemos casa.

Los nochescos miramos las estrellas y pensamos lo chiquititos que somos en este universo cósmico, mientras los aburridías les encuentran formas a las nubes, quizás cinco minutos, antes de empezar a pensar en qué gastar el sueldo que se ganan con el tiempo que les roban.

Los nochescos nos reímos fuerte y nos deprimimos seguido. Los aburridías le sonríen de compromiso a un montón de gente y toman pastillas que le hacen *shhh* a la depresión, y que los acuestan temprano, para no cruzarse con ellos mismos.

Odio a los aburridías, los odio. Odio sus corbatas y sus vestidos grises, odio sus jugos de naranja y su despertador. Odio profundamente sus ganas de vivir antes de las once de la mañana, odio sus *me voy porque mañana madrugo* en el medio de una fiesta divertida en la que esa frase no es una excusa para no morir de tedio, odio que no rompan reglas, odio que piensen que nunca se equivocan, odio que no se den las horas necesarias para equivocarse. ¡Decime! ¿Qué error del carajo te podés mandar a las nueve y cuarto de la mañana? Quedate despierto hasta esa hora, y ahí sí, ahí sí que te podés mandar la cagada de tu vida. Pero no recién levantado, bañado y con olor a dentífrico. Las anécdotas que valen la pena contar suceden entre las dos y las seis de la mañana. Y la mayor parte de las noches, no pasa nada... pero los nochescos no dormimos, porque esperamos el caos, lo deseamos, no sabemos ser sin caos. Mientras vos te comés tu tostada con queso light y mermelada, aburridía, nosotros estamos mirando un punto fijo en la pared, pensando si nuestros padres se quisieron alguna vez, festejando que, gracias a los misterios del cuerpo humano, se llora solo por los ojos. ¡Imaginate si lloráramos con todo el cuerpo! Cada vez que estuviéramos terriblemente tristes (cosa que a los nochescos nos pasa a menudo), se inundaría la habitación, porque no dimos abasto para secarnos los ojos, los codos y las talones, llorando todos juntos a la vez.

Odio a los aburridías, los odio. Odio con todo mi corazón sus *disfrutá la mañana*, odio sus *salgamos a correr temprano*, odio su sentido de la responsabilidad. Los odio, aburridías, porque nunca voy a poder ser uno de ustedes. Y ya quisiera yo no haberme enterado que mis papás no se quisieron, y ya quisiera yo no haberme equivocado tanto entre las dos y las seis de la mañana, y ya quisiera yo despertarme a ver los amaneceres, poner una música linda de fondo, sentir el frío del día en las mejillas, y encontrar que en la casa tengo tostadas y café. Pero me consuelo, aburridías, sabiendo que existen otros nochescos. Somos un montón, y estamos desvelados en sintonía. Me consuelo, aburridías, con la tonta fantasía de imaginar que ustedes se despiertan temprano para no soñar las cosas que a nosotros nos matan el sueño. En el fondo, aburridías, sentimos los mismos miedos... lo único que nos hace enemigos es el horario que elegimos para no enfrentarlos.

PRUEBA DE VALENTÍA I

Arrancame. Soy la hoja de este libro que te desafía a que la arranques. *Arrancame.* ¿Tenés miedo? Seguro estás estudiando la carrera que les gusta a tus papis.

Arrancame. ¡Dale! Soy una simple hoja. ¿Te da lástima? El libro no cambia por tener una hoja menos. Podrías destrozar todas sus hojas, ¡el papel es prescindible, un fetiche! Si el libro es bueno se mete adentro tuyo.

Arrancame. ¿Te confunde? Mirá tu cara. Mirate en un espejo. Si fuéramos amigos, me estaría riendo de tu expresión. ¿Qué pensás? "Te arranco si quiero, hoja, a mí no me apurás". Mentira. Te mentís. Te mentís con tantas cosas vos... ¿No te da un poco de vergüenza?

Arráncame. ¿Qué te preocupa? No me duele que me extirpes, y me abolles y me tires hacia ninguna parte, ahí donde van las cosas en las que dejás de pensar cuando prendés la televisión. En la televisión están las mil vidas que no vas a vivir mientras la sigas mirando.

¿Te hago enojar? *¡Y arráncame!* ¡Vamos! ¿Vos siempre dudás tanto todo? No quiero estar acá... quiero irme a un libro de García Márquez, o de Borges, o de Pizarnik. Dejá de leerme, sacame de este infernal desorden. No por mí, ¿eh?, por vos. Soy una prueba de tu valentía. Soy el desafío que estabas esperando para animarte a hacer algo que nunca creíste que ibas a poder hacer. Soy tu cuota de lo inesperado en tu absurda cotidianeidad.

Arráncame y te juro que después no va a ser tan difícil renunciar a la oficina, plantarle a tu jefe tu disconformidad en la cara, agarrar una mochila y tomar un avión sin destino. Te juro que no va a ser tan difícil decirle a tu familia que sos gay, decirte a vos mismo que sos gay, o decirle a esa chica que te tiene enloquecido que te encantaría invitarla a tomar algo, no sé, un café, una cerveza, una parte de tu vida. Te juro que no va a ser tan difícil autogestionarte un sueño, tener un hijo, irte a vivir sola, apagar la luz de noche, recibirte en la universidad, o decirle a esa persona que te dejó en carne viva: ¡sigo viva a pesar de vos, carajo!

SÉ VALIENTE, ARRÁNCAME

Y seamos otros, más parecidos a nosotros mismos.

COLOREÁ LA
OPCIÓN CORRECTA

Tiempos difíciles

Un pibe sueña en su habitación
/ una nueva Alemania nazi
una adolescente llora de hambre
la policía reprime en Córdoba a
/ maestros en huelga
un tipo sabe que perdió otra vez
/ su lucha contra la droga.

Noventa y cinco personas mueren en dos atentados
/ en Turquía
un niño a la orilla de un mar descansa sin vida
un par de extraños pelean hasta desmayarse en
/ Las Vegas
medios de comunicación imprimen millones de
/ diarios procurando no comunicar lo que no
/ les conviene que se sepa.

135

Que no lo veas no significa que no esté pasando
y hay quien acusa:
Si no sos parte de la solución, sos parte del problema.

Pero, también, dejame que te cuente
que no todas son malas noticias
mirá, ahora un bebé está naciendo
y una joven pudo abortar legalmente en India
escuchá, ahora un pibe descubre que ama tocar el
    / piano
y una pareja de abuelos se pone a bailar rumba
sentí, ahora dos bocas por primera vez se
    / encuentran en un beso
y una risa estalla en el pecho de un payaso
vibrá, ahora un perro callejero juega enloquecido
    / con una botella
y un paciente en un psiquiátrico festeja ganarle
    / una partida de cartas a un enfermero.

Que no lo veas no significa que no esté pasando
y hay quien defiende:
Si no sos parte del problema, sos parte de la solución.

El vaso está medio lleno
el vaso está medio vacío
si alcanza para brindar,
¿para qué lo andamos mirando tanto?
levantá ese vaso, chocalo y compartilo
ya vendrán tiempos mejores
ya vendrán tiempos peores
estos son los nuestros
son tiempos difíciles
estos son los nuestros
no tenemos otros
la vida pega fuerte
pero hoy no te mató.

ESPERA -NZA

Esperar el verano
esperar que él te llame
esperar el colectivo
esperar que ella te ame
esperar no esperar nada de los otros
esperar que los políticos
dejen de ser monstruos
esperar ese sol
después de tanta lluvia
esperar que se calme
el alma que diluvia
esperar no extrañar
esperar no perder
esperar entender

¡cuántas veces más
te vas a romper contra una pared!
esperar sufrir para poder crecer
esperar soñar
esperar las vacaciones
esperar disfrutar
todas las estaciones
esperar hacerle frente a la cobardía
esperar no ser adicto a tanta tecnología
esperar ese abrazo que no llega
esperar abandonar la rutina que no llena
esperar la vida después de la muerte
¿y la vida antes?
¡Esperar que haya suerte!

Dice una pared de Buenos Aires
pintada en un rincón olvidado de la ciudad:

Esperar no transforma.

TE JODEN

*Somos palabras que se escaparon de
la habitación de la puerta negra

*En dos palabras puedo resumir
todo lo que he aprendido acerca
de la vida: Sigue adelante.*

Robert Frost

Te joden bien jodido tus padres
te joden la infancia
y también la vida
a veces sin querer
te joden con sus silencios
te joden con sus esperanzas
te joden hasta que te convertís
un poco en ellos.

Te joden bien jodido las mentiras de la televisión
con sus figuras súper modelos
de peso infrahumano
y sus comprá esto compralo ya
para ser feliz
ahora
en este preciso instante
hasta que se te pase la emoción
y necesites comprar otra cosa
para ser feliz
nunca.

Te joden bien jodido las decisiones del Estado
te joden la economía
la salud
la educación
te joden y no se cansan de joderte
los derechos.

Te joden bien jodido los mandatos de la religión
te joden la sexualidad
te joden el placer
te joden lo humano
para defender lo divino
te llenan de culpas y de castigos

¿será la tierra el infierno de otro lugar?
Te joden bien jodido los estereotipos
en los que no encajás
pero, a ver, para encajar hay que hacer de cuenta
que uno es todo lo que espera el resto
y uno no es
uno no es eso.

Te joden bien jodido los caprichos del sistema
y hasta el más apartado está adentro
soñando pertenecer
soñando un laburito de ocho horas
con corbata elegante
lo suficientemente larga
por si dan ganas de ahorcarse
soñando un laburito de fantasía
para gritarle al mundo:
¡Elegí un trabajo que te guste y no tendrás que
/ trabajar ni un día de tu vida!
pero dejame decirte una cosa
no hay laburito en el que no se trabaje
trabajás igual
trabajás más
te podés enfermar de trabajo
por el miedo de volver a usar corbata

por el miedo de usar una corbata por primera vez
el sistema respira tranquilo
mientras vos tengas miedos
que te asfixien.
Te joden bien jodido los monstruos de tu cabeza
los peores están ahí, no debajo de la cama
nunca vas a llegar a nada
no sos nadie
sos mierda
sos pura mierda
sos el sueño de alguien
que quería soñar otra cosa
otra cosa mejor
sos una inútil
sos un parásito
no servís
sos basura
estás bien jodido
estás bien jodida.

Te jodieron tan bien
que no te diste cuenta
cuánto te estaban jodiendo
te jodieron tan bien
que no te diste cuenta

cuánto te estaban rompiendo.
Pero no es tarde.

Se puede estar menos jodido
el primer paso es asumir que a uno ya lo han
    / jodido mucho
y sin embargo, no lo suficiente
para estar del lado de los que joden a consciencia
uno no debe estar jamás de ese lado
por más que a veces
se nos tiente con el cruce de vereda.
Se puede estar menos jodida
el segundo paso es respirar las veces necesarias
de una a tres mil doscientas cincuenta
hasta dejar atrás todos esos daños
cuando los daños no están atrás, están en medio
y todo lo que se pone en medio, no deja avanzar.
El tercer paso quizás es el más difícil:
saber que si no nos hubieran jodido esas cosas
nos hubieran jodido otras tantas,
todos estamos jodidos
y qué
por lo menos no estamos solos
no se puede resucitar
de lo que no se está herido

la vida es un chiste
que termina mal
pero mientras dura
tiene su gracia.

PRUEBA DE VALENTÍA II

Esta hoja te desafía a que escribas
acá las palabras que nunca le
pudiste decir a alguien.

Cuando termines, quemala. Que el fuego
consuma lo que el tiempo no sanó.

_____

_____

_____

_____

_____

_____

_____

_____

QUEMALA.

HOGAR

La Iglesia dice: El cuerpo es una culpa.
La ciencia dice: El cuerpo es una máquina.
La publicidad dice: El cuerpo es un negocio.
El cuerpo dice: Yo soy una fiesta.

Eduardo Galeano

El cuerpo es la única casa que vas a habitar durante toda tu vida.

Uno anda convencido de que *tiene* un cuerpo, pero el cuerpo es una casa de la que no poseemos escritura. Uno no *tiene*, uno *es* también su cuerpo.

Dice la ciencia que el cuerpo es una *máquina perfecta*. Pero, a veces, la ciencia también se equivoca: el cuerpo no es máquina, el cuerpo es humano. Y como todo lo humano, un universo de misterios.

¿Qué hacemos cuando nos enfrentamos a un misterio? Lo reducimos hasta poder comprenderlo. Eso hizo Descartes, un filósofo, matemático y físico francés (cuando no existía el wi fi, las personas estudiaban varias carreras), con el cuerpo. Fue Descartes el primero que redujo el cuerpo a una entidad del ser humano, el primero que dividió el cuerpo de la mente. ¿Alguna vez expresaste: *Mi cabeza dice una cosa, pero mi corazón dice otra*? Se lo debés a Descartes. El problema no llegó con la división, sino con el valor puesto a cada entidad. Descartes tenía su fe en la razón. Su hit filosófico, que sigue sonando incluso en radios de la actualidad, fue "Pienso, luego existo". Y nosotros no pudimos más que hacer infinitos covers de ese éxito. El cuerpo quedó aparte, y apartado.

Uno no dice: Tengo una mente. Lo que pensamos, lo que defendemos, lo que pasa por nuestro cerebro, es lo que somos. Es lo que define que existamos, lo que nos eleva de ser otro animal más. Pero a lo que nos pasa por el cuerpo siempre andamos buscándole sentido. Estamos desentendidos de nuestro cuerpo. El cuerpo nos resulta *alguien* extraño que, cada tanto, se enferma, se lastima, nos molesta. Es *algo* que hay que cuidar. Es el cuerpo el que nos recuerda que somos frágiles, pasajeros, mortales. Quizás no querer saber del cuerpo es no querer saber de la muerte.

Pero si no sabemos de la muerte, ¿sabemos de la vida?

Durante años, odié mi cuerpo. Odiaba que no fuera brutalmente flaco, especialmente alto, ignorante de la perfección. Odiaba no ser rubia, no tener ojos claros, no tener piernas largas. Odiaba que mis mejillas fueran carnosas, que mis dientes estuvieran torcidos, que mis manos transpiraran en demasía cuando ~~alguien~~ algo me ponía nerviosa. Odiaba caminar sin sentido de la sensualidad, odiaba mi pelo constantemente enredado (¿qué motivos me llevaron a la guerra con los peines desde que nací?), odiaba destartalarme cada vez que me reía. Odiaba las fotos que me revelaban todas estas cosas, y sobre todo el espejo, el maldito espejo, que no solo no disimulaba ninguna de las naturalidades que yo consideraba defectos, sino que en algunos casos las potenciaba (si el infierno existe, que ardan ahí todos los espejos de los probadores de ropa de mujer).

Durante años, tuve discusiones trágicas con mi cuerpo, apretándome los rollos de la panza, insultando la celulitis, bastardeando mis estrías. Durante años, cambié el color de mi pelo infinitas veces, usé taco aguja, lo tapé con ropa, con mucha ropa, con tanta ropa como fue posible, para que el cuerpo se hiciera invisible.

Y el cuerpo se enfermó. El cuerpo se enfermó mucho. Y lo odié más.

Hasta que un día, quise a alguien. Me enamoré con la pasión y la estupidez con las que se enamoran las personas cuando descubren que pueden hacerlo. Y él también se enamoró de mí. Resultó que, irónicamente, a él le gustaron mucho mis dientes torcidos, y a mí extrañamente me gustó su nariz quebrada en tres partes. Él no tuvo ningún problema con mis estrías, y yo me convertí en la fan número uno de su cicatriz en la mejilla izquierda. Y entonces, me pregunté por primera vez en la vida, a los dieciocho años, por qué yo necesitaba ser alta, flaca, y peinarme. Yo creí que lo necesitaba para querer, para que me quieran... y era mentira.

Con el correr de los días, me di cuenta de que no había sido la única engañada. Mis amigas, y la mayoría de las personas que conocía, también detestaban su cuerpo, incluso las que cumplían con los ideales demandados. La cuestión no era entrar en los parámetros de la belleza, la cuestión siempre había sido dominar nuestros cuerpos. Someterlos, con bombardeos de palabras desde las publicidades, la medicina, la televisión, el cine, la literatura, a la idea fundamental: *tu cuerpo siempre está equivocado, tu cuerpo es tu enemigo.*

Con el cuerpo de rival, posamos todos los días frente al espejo. ¿Por qué no relajarse cuando nadie nos mira? *Porque nos estamos mirando nosotros.*

Con el cuerpo de rival, nos sentimos incómodos de nosotros mismos. ¡A la mierda los estándares! El cuerpo no es bello por cumplir los requisitos estéticos de la época, el cuerpo es bello porque está vivo.

Con el correr de los días, descubrí que era mucho más sano que el cuerpo dejara de ser *mi cuerpo*, para empezar a convertirse en *mí.*

No tenemos una mente, no tenemos un cuerpo, ellos nos tienen a nosotros. Los tres somos lo mismo. Como los mosqueteros, todos para uno y uno para todos.

El cuerpo es la única casa que vas a habitar durante toda tu vida.

¡A moverlo!

Si estás sentado, parate. Si estás acostada, parate. Si están parados, pónganse a bailar. Bailar es conectarse con el cuerpo, sacá el modo avión de tus piernas y brazos. ¡Ahora!

¿Vergüenza? Vergüenza es tomarte seis vasos de cerveza y después culpar al cuerpo de la resaca. Vergüenza es caminar siempre de la misma forma habiendo tantas formas divertidas de andar. Vergüenza es correr para llegar al verano, y no darte cuenta de que el verano está adentro tuyo cuando corrés.

¿Cuándo leíste mientras bailabas? ¡Ahora!

¡BAILÁ!

Pero si yo no sé bailar...

PONÉ TU CANCIÓN FAVORITA

LA QUE TE HAGA MOVER EL ESQUELETO

UNA DE VERDAD, NO DE LA DE MODA,

Y DEJATE LLEVAR POR LA MÚSICA

BAILAN LAS PALABRAS

¿NO VAS A BAILAR VOS?

CUANDO CONTROLAN TU CUERPO, CONTROLAN TU ALMA

DESCONTROLATE

¡CAMINÁ HASTA UN ESPEJO!

PONETE DE LA FORMA MÁS HORRIBLE QUE CONOZCAS. PARATE TORCIDO, DESFIGURÁ LA CARA, DECITE LAS COSAS QUE NUNCA TE DECÍS. AH-PERO-NO-PUEDO-CREER-LA-MARAVILLA-QUE-ESTOY-VIENDO. SOY-EL-CUERPO-MÁS-LINDO-QUE-CONOZCO. MIRÁ-ESTOS-BRAZOS-QUÉ-CHURRI. ME-DERRITO-CON-LO-GRANDE-QUE-ES-MI-NARIZ. LAS-CATARATAS-DEL-IGUAZÚ-QUIEREN-CONOCER-EL-PAISAJE-QUE-SON-MIS-PIERNAS. QUÉ-MILAGRO-DIVINO-YO-NO-ME-PUEDO-CREER.

EL CUERPO ES UNA FIESTA

A LA QUE NO TE QUIEREN INVITAR.

COLATE

¡HACÉ COSAS ABSURDAS!

QUEDATE PARADO EN UNA CLASE UNIVERSITARIA
EN LA QUE HAYA ASIENTOS LIBRES.
SENTATE EN MEDIO DE LA FILA DEL SUPERMERCADO.
SALTÁ EN UNA ESQUINA HASTA AGITARTE.
BAILÁ EL ESTRIBILLO DEL MENEAÍTO
UNA CUADRA ANTES DE ENTRAR AL LABURO.

~ NO EXPLIQUES ✖ QUÉ. ~

PONELOS NERVIOSOS A ESOS
QUE VIVEN DOMESTICADOS.

TU CUERPO SOS VOS.

DISFRUTATE.

PRUEBA DE VALENTÍA III

Dibujate como te veas a vos mismx en esta hoja. Después, pedí a tres personas que te dibujen (una que ames, una con la que no tengas mucha confianza y una extraña). No le muestres a ninguno cómo te dibujaron los otros, y vos no veas ninguno de los dibujos hasta que los tengas todos.

Cuando hayas completado la prueba, tomate diez minutos para mirar los dibujos. Después, hacé un avión de papel con cada uno y tiralos desde un lugar alto.

EN ESTA ÉPOCA EN LA QUE VIVIMOS PENDIENTES DE LA IMAGEN,
NO VIENE MAL MANDARLA A VOLAR UN POCO.

¡Hey!

¿Cómo la estás pasando? Es rarísima la fiesta, ¿no? Todo lo que uno mira de cerca termina siendo raro. Mirá esa piba allá en la esquina. Mirala bien. Está con el celular desde que llegó. ¿Qué revisa? ¿Qué espera? No le va a dar like Messi. Yo no crecí con redes sociales, ¿sabés? Voy a sonar re vieja con lo que te voy a decir, pero... no había internet en los teléfonos hace unos años. Apenas en la computadora tenías... Y no era como ahora, que prendés la compu y ¡pum!, mundo cibernético. Te conectabas por módem dial up. Hacía un ruido terrible ese aparato de mierda, no te podías conectar a escondidas. ¿Viste cuando vas al baño de alguien que no conocés mucho y no querés que se escuche lo que estás haciendo ahí adentro? Bueno, algo así sentías cuando te conectabas por módem dial up. Mirabas el aparato y pensabas: Uhh... esta cosa va a hacer un quilombo, shh, con cuidado, ¿cómo hacemos para que no haga ruidito y se entere todo el vecindario que quiero usar el messenger a las dos de la mañana?

Perdón si te agobio. Soy la chica dentro de Magalí que se queja de todo. No es que me guste quejarme ¿eh? pero en mi época esto del telefonito no pasaba. Lo más divertido de tener celular era el juego de la viborita. ¿Lo jugaste alguna vez? ¿El cuadradito que se iba comiendo cuadraditos hasta hacerse gigante? Horas jugando a eso... Pero nunca lo hacías con gente adelante. No es que te juntabas con tus amigos a cenar, y se ponían todos a jugar a la viborita. Ahora juntarse con amigos es un tema. No podés comer si no se le saca foto antes a la comida, no podés ir mal vestida porque te etiquetan en la foto y te cagan la existencia, empezás a contar algo y tenés que repetir treinta veces porque te colgaron por revisar un mensaje... Avisame que llevás el teléfono y me quedo en casa, si no me vas a dar bola. No me quejo más, listo. Te voy a aburrir.

Pero... ¿no tengo un poco de razón? Mirá a la piba, sigue con el aparato. ¿Está esperando un llamado de Brad Pitt? ¿La empezó a seguir Angelina Jolie? ¿Qué mira con tanta urgencia? En mi época había urgencias de verdad. Ahora todo se puede posponer. ¿No viste esa gente que se pone dieciséis alarmas para despertarse? ¡Levantate, querido! ¡Empezó el día! ¿Sabés qué hace Magalí? Escuchá: como no le gusta despertarse temprano, si tiene que hacer algo a las nueve, se pone la primera alarma a las cuatro. Abre los ojos a esa hora, porque con la música de porquería que tiene cualquiera se despertaría, sonríe, ¿me seguís?, sonríe y dice: "¡Ah! Me quedan un par de horas más..." y se agrega una alarma a las ocho y media. ¿Vos te das cuenta el nivel de boludez que maneja la persona con la que convivo? No... no me quejo más, listo. Te voy a cansar.

Pero... es bastante rara esta época, no me lo niegues. Mirá ese pibe, allá en el centro. No se puede mantener en pie, se tomó hasta el agua de los floreros. ¿De qué se quiere olvidar? ¿Qué es lo que no soporta sobrio? ¿Sabés qué es lo peor? Si lo querés ayudar, si vas ahora y le decís "no tomés más, tipito, te estás haciendo mal", te va a contestar "anidjssamakaklakacho", que en su idioma etílico quiere decir "¡yo no estoy borracho!". Y va a seguir tomando, y si no te movés, te vomita los zapatos. Porque en los tiempos que corren a nadie le importa nadie, ¿entendés? En esta época está muy de moda el quererse a uno mismo. Te lo ponen en todos lados: "querete, querete, querete mucho". Ponés tanto esmero en quererte que te olvidás de querer al resto. "Quereteee, queeerete, che". Te inflan el ego, y eso no es el amor propio. Y cuanto más grande tenés el ego, más solo te quedás. Te mirás al espejo y te decís: Me quiero como nunca me va a querer nadie. Y el mundo, que se cague.

¿Sabés cuál es uno de los problemas de esta época? Ojo, yo lo tengo, ¿eh?, la época de antes era mi época, pero esta, aunque me guste menos, también la es. Somos todas las épocas en las que vivimos. El problema, para mí, es que no vemos que el mundo somos todos. Somos todos mundos pequeños habitando este lugar. Nos necesitamos entre todos. A la boluda de la esquina que usa el celular, yo la necesito. Vos también la necesitás. Si un día vienen los extraterrestres, un tsunami, o sale reelecto Trump, la necesitamos. Vos, ella, yo, estamos del mismo lado, el humano. Quizás a ella le guste Trump, y bueno... la seguís necesitando, para darte cuenta de quién no querés ser. Y además, todavía te puede ayudar con los marcianos y el desastre ambiental. ¿Vos te creés que sobrevivimos a los dinosaurios porque había uno re capo que luchó con todos? No, sobrevivimos porque los de esa época dijeron "vamos a protegernos entre todos". Y seguro que los que peleaban con palos no eran amigos de los que preferían las piedras. Pero se registraron entre ellos, se supieron importantes para el otro. Yo registro a la soquete esta, ella no me registra porque está con el telefonito. El telefonito se volvió más importante que las personas. Pero no lo es, en el fondo no lo es. Mirá, ahora voy a ir a sacar a bailar al borracho del medio, y en una vuelta lo voy a empujar cuidadosamente contra la celuadicta de la

esquina, volcándole todo el trago encima. ¡Vas a ver cómo me van a registrar los dos en ese momento! Si somos todos mundos, yo voy a hacernos chocar.

¡Uh! Pará... Esta canción de ABBA me encanta. ¡"Mamma mia" es un temón! ¿Querés que te enseñe los pasos? ¡Hey! ¿Adónde vas? ¡Ahí es el baño, no te conviene entrar a esta hora!

Buoh... hacé lo que tengas ganas. En mi época la gente por lo menos decía chau.

LA PUERTA DE LOS DAÑOS

Cinco segundos de Dios

En noviembre de 2015, un tipo me quiso secuestrar arriba de un colectivo de la línea 60. Me acuerdo algunos detalles, estos: sentir mi cuerpo asustado, paralizado, y escuchar al tipo llamándome por otro nombre. "¿Luciana? ¿Te sentís bien, Luciana?".

Fue una mínima distracción en uno de los momentos más desbordados de un transporte público: era sábado a la noche. Ese tipo, de la nada, me agarró fuerte las manos, pasaron tres segundos y se me aflojaron las piernas. Pensé que me había bajado la presión, y me di cuenta que no, cuando sentí la taquicardia en el pecho y la lengua completamente anestesiada. El tipo ahí empezó a llamarme por ese otro nombre, *Luciana.*

"¿Luciana? ¿Te sentís bien, Luciana?"

Intenté contestarle, fue inútil. Parecía una persona hablando en medio de un ACV. Repetí, como pude, que no me llamaba así, pero otra vez salieron de mí sonidos incomprensibles, cavernícolas, muertos. Nadie en el colectivo notó mi desesperación. Éramos más de cuarenta personas en el 60, y nadie, ni un solo ser humano, percibió mi fragilidad y mi terror. El tipo me abrazó, de la nada, y empecé a gritarle "SALÍ, HIJO DE PUTA". Aunque no se me entendieran las palabras, tenía la esperanza de que se entendiera el lenguaje. "Salí, hijo de puta, salí, salí, salí, hijo de puta". Lo empujé en cada "salí", con la mínima fuerza, que era toda la que tenía, y el tipo en uno de los empujones me soltó.

"Luciana, ¿querés que vayamos a un hospital?"

Si hubiera tenido lágrimas en ese momento, las hubiese llorado todas ahí. Un hospital podía ser cualquier cosa. Un hospital de trata de personas, un hospital de tráfico de órganos, *¿a qué hospital me querés llevar, hijo de puta?*

Y entonces, sucedió el milagro. Yo no sé si existe Dios, pero tampoco quiero decirte que no existe. Es mi duda y no tengo por qué pasártela a vos. Yo no sé si existe Dios, pero ahí estuvo. Tuve cinco segundos de Dios que alcanzaron para que alguien sentado en el fondo se levantara apurado y tocara timbre para bajarse, que el chofer escuchara ese timbre, violentamente disminuyera la velocidad y abriera esa puerta en esa parada, y que, producto de todo esto y por simple mecanismo de diseño del colectivo, se abriera también la puerta que tenía justo atrás mío, la del medio, la principal. Empujé por décima vez al tipo y salté de espaldas. Salté con el colectivo todavía en movimiento. Me caí al piso, me levanté, corrí lo que me parecieron cuadras y frené de repente. Pensé "el tipo saltó conmigo" y me di vuelta, y no. El tipo no contaba con que se abriera una puerta por la que yo pudiera escapar de llamarme *Luciana*, y la sorpresa lo dejó pasmado en el colectivo. El tipo no tuvo los cinco segundos de Dios y no saltó. Respiré. Tenía el corazón saliéndoseme por la boca y la boca todavía dormida, pero era *Magalí*. No fui *Luciana* porque alguien se acordó de que se tenía que bajar en Santa Fe y Pueyrredón, se paró de golpe y tocó timbre. Vos tampoco sentiste mi miedo, chico del fondo, pero hoy estoy pudiendo relatar esto gracias a vos.

Hacía una semana que me había mudado a Recoleta, llegué al departamento, traumada, después de un rato de dar vueltas, perdida. Mandé un audio al grupo de whatsapp de mis amigas: "Che, me parece que me drogaron en el colectivo, no sé cómo, fue rarísimo lo que me pasó, estoy mal". Las chicas me contestaron: "Uh, qué bajón. Hay que tener más cuidado". Y no hablé más del tema.

Yo era una de esas personas que conversa con cualquiera en la calle, de esas que agarran todos los volantes, y folletos, y publicidades, y "cositas gratis que no quiere nadie" (como la muestra del fernet de menta), de esas que dicen la hora sin miedo a que les roben el teléfono. Yo era una de esas personas, y después alguien me llamó *Luciana,* y no pude ser más lo que había sido. Me fui convirtiendo en una persona con pesadillas de noche y pesadillas de día; si alguien de casualidad me rozaba en un subte, en un colectivo (nunca más el 60), me tenía que bajar, porque se me dormía la lengua, y se me aceleraba el corazón, y lo único que me tranquilizaba era decir "hola, hola, hola" y escuchar que se me entendía, que eran palabras y lenguaje comprensible, humano, vivo.

Pasaron dos años de ese día y todavía lo llevo en el cuerpo. Terapia me ayudó bastante a no vivir con miedo. Converso algunas veces en la calle, agarro algún que otro volante, y viajo en subte de día. Vivo de forma más o menos común, mientras nadie se me tire encima. Sé que si alguna situación me pone nerviosa, decir "hola, hola, hola" me va a tranquilizar. Parece estúpido, pero me hace sentir a salvo. Me falta mucho recorrido, y sin embargo, al menos, ya no me persigue la pregunta "¿qué hubiera pasado si ese tipo me hacía bajar con él?". Se me viene, pero ya no me persigue. Es absurda. No importa qué hubiera pasado, lo definitivo es que hubiera muerto de alguna forma: literal o por dentro. Ninguna es menos grave, y ante la muerte y la incertidumbre solo puedo hacer una cosa: nada.

No estaba muy convencida de que esta historia formara parte de un libro, porque todavía me hace mal. Me da bronca no haber vuelto a disfrutar de un viaje en colectivo. Para que me entiendas: amaba tanto viajar en bondi como amo a los perros. Eso en mí desapareció. El tipo no me llevó a ningún lado, pero se llevó algo de mí.

¿Cuántas Luciana no tuvieron, no tienen, no van a tener, esos cinco segundos de Dios?

Ahí donde Dios no esté, tenemos que estar nosotrxs. Ser el chico que se baja en Santa Fe y

Pueyrredón, estar siempre dispuestxs a ser ese chico. Porque vos, yo, todxs, también somos Luciana. La vida se nos va entre sueños e impuestos, entre viajes y rutina, pero la vida de una mujer que fue llamada por otro nombre se detuvo una vez. Y está detenida desde ese entonces. No podemos ser las cuarenta personas en la línea 60 que miran para otro lado. Pasa esto a diario, no podemos ser esas cuarenta personas todo el tiempo.

Ese tipo se llevó una parte de mí, y de mi tranquilidad, pero cuando un mundo se destruye, otro nace. Nació, en mí, la convicción en la lucha. Salir a la calle sirve. Te parece que no, pero sirve. Salí a la calle por las vidas detenidas, salí por las que no tuvieron cinco segundos de Dios, salí con el timbre de una parada de colectivo en las manos, y el fuego en el pecho, el fuego de la justicia y de la consciencia social. Salí para escupirle la cara a la corrupción, a lxs policías que la encubren, a lxs políticxs que nos negocian, a los tipos que nos llaman Luciana y nos venden, como si fuéramos un pedazo de carne y no una vida, como si fuéramos un juguete que quieren y pueden pagar unos niños sádicos. Salí a la calle a pedir poder salir a la calle sin miedo. Sin miedo.

En noviembre de 2015, un tipo me quiso secuestrar arriba de un colectivo de la línea 60. Me acuerdo algunos detalles, estos: sentir confusión, ansiedad y la boca dormida. Dos años después, la boca se despierta y yo, al fin, puedo hablar de esto.

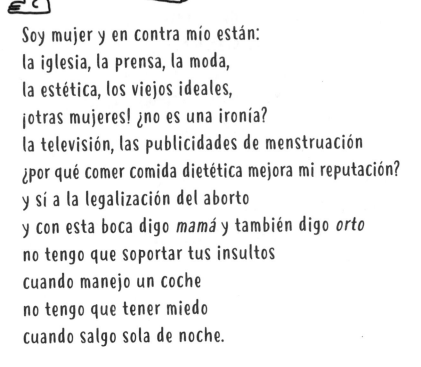

SOY MUJER

Soy mujer y en contra mío están:
la iglesia, la prensa, la moda,
la estética, los viejos ideales,
¡otras mujeres! ¿no es una ironía?
la televisión, las publicidades de menstruación
¿por qué comer comida dietética mejora mi reputación?
y sí a la legalización del aborto
y con esta boca digo *mamá* y también digo *orto*
no tengo que soportar tus insultos
cuando manejo un coche
no tengo que tener miedo
cuando salgo sola de noche.

Soy mujer, soy lo otro, el sexo *débil*,
el objeto, la vagina con dientes
soy la que te trajo al mundo
o la que este mundo miserable te negó
soy la obrera que murió prendida fuego
por reclamar los mismos derechos
soy la prostituta que violó un camionero
y la que llora cuando se deja tocar las tetas
por el jefe
o por el padre.
Soy la que tenés laburando en negro en tu casa
soy una de las tantas de la trata,
anónima, invisible, mediatizada,
solo por negocio
soy la que llegó doce siglos después que los
    / hombres a la universidad,
solo por ser mujer.
Soy mujer,
lucho por la igualdad.
¿Cómo puede ser que las diferencias nos maten
y haya impunidad?

MIENTRAS

Mientras dos adolescentes
se besan apasionadamente
contra una pared
en una esquina de Buenos Aires
un padre le grita a su hijo
¡MARICÓN!
por haber pateado mal una pelota.

Mientras una pareja se casa
en un registro civil de Villa Crespo
un esposo mata a su esposa
a puñaladas
por haberle servido fría la cena.

Mientras una niña nace
en una clínica privada de Belgrano

otra niña muere
en brazos de la miseria.

Mientras en la televisión
emiten una publicidad sobre un yogur dietético
que te puede hacer sentir hermosa
una joven vomita su almuerzo
en el baño de la oficina
para gustarle a un pibe
y mientras ese pibe
la invita a tomar una cerveza a la salida
otro pibe se pregunta
qué carajo es el amor.

Mientras dura el insomnio
de mi vecino del E
mi vecina del D
cuenta los Valium que le quedan
para el resto de la semana.

Mientras una piba le grita a otra
que es una *¡PUTA!*
por haberse cogido a su novio
a las horas
finge otro orgasmo con él.

Mientras una nena
le pide a su madre
que le compre un Spiderman de plástico
la madre le dice al de la juguetería
que le salió
"machona, la pobrecita"
y el pibe de la juguetería se ríe
así como se ríen de él
cuando a la noche se convierte en ella
se calza unos zapatos de taco alto
y se hace llamar
como le hubiera gustado que lx llamaran sus padres:
Celeste.

Mientras yo hablo de esto
una piba calla un abuso
y otra fuma marihuana con amigos
para olvidarse de lo jodida que es la vida
a veces
mientras dura.

YO QUISIERA SER ESA MINA QUE SONRÍE CITANDO A BORGES

Estoy atrapada en un disfraz que no me gusta. Y sin embargo, ¡peor la desnudez! ¿Viste alguna vez a alguien que disfrutara desnudarse? Esas personas existen, pero yo no las conozco, y no soy una. No es de mis cosas preferidas desnudarme. Ni de ropa, ni de alma. Sin embargo, siempre, algo, no sé qué, algo, me lleva a hacerlo. Una cerveza de más, una ruptura de más. Siempre, algo. Es decir, desnudarme es una de las actividades que menos placer me da y que hago más a menudo. ¿Te das cuenta por qué no me gusta mi disfraz? ¡Vivo en las contradicciones! Me lo quiero arrancar, no quiero verlo más en el espejo.

Yo quisiera ser esa mina que sonríe citando a Borges, que desayuna mucho y muy sano, que se acuesta antes de las once, que tiene sexo sin amor. Yo quisiera ser esa mina que sabe cuándo irse de alguien, que lee poesía y no la sufre, que se pone cremas antes de dormir. Yo quisiera ser esa mina de la que nadie se escaparía, o de la que vos no te escaparías, o de la que yo no me escaparía.

Y sin embargo no soy esa mina.

Y quizás esa mina no existe.

Yo existo.

Enojarme por mi existencia es una prueba irrefutable de que existo. Con mis cicatrices, mis imperfecciones, mi disconformidad, existo. Y quiero existir sin este disfraz, quiero convertirlo en un harapo, inutilizable para alguien más. No vaya a ser cosa que yo me lo saque, lo arroje, y algún transeúnte distraído diga: *¡Ah, pero qué atuendo más hermoso!* y ¡zas! sea capturado por este maldito disfraz. Porque, reconozco, de afuera no se ve tan mal. Pocos disfraces son ridículos a primera vista. Pero cuando estoy a punto de destrozarlo, me entra el miedo. No solo de quedar desnuda, sino de no volver a encontrar otro disfraz. ¿Cómo se habita el mundo sin un disfraz?

Cuando me entra ese miedo me digo que la mina que sonríe citando a Borges existe y en realidad no lo entiende, como tampoco entiende la poesía, por eso no la sufre. Como no sufre la poesía, puede tener sexo sin amor. Y por eso nadie se escapa de ella, porque no se puede escapar de los lugares a los que no se entra, de las personas a las que no se ama. Qué importa la verdad mientras vos te la creas.

LÁGRIMAS DE RISA

*Somos palabras que se escaparon de
la habitación de la puerta violeta

La tristeza es ese domingo de encierro en el que no te levantás de la cama porque el mundo está gris y no querés verlo. Es ese chiste del que todos se ríen menos vos. Es esa anécdota inolvidable en la que no estuviste, es ese último abrazo a la persona que amás, es ese saber que fue el último.

La tristeza es que te duelan partes del cuerpo que no sabías que existían, es el tiempo lento, es no encontrarte, es extrañar a alguien que no te piensa, es el silencio que sucede entre una canción y otra, de la música que ponés para no escucharte.

La tristeza es insomnio, y es dormir mucho y mal para esconderte de la realidad, como si la realidad fuera una niña traviesa que todo el tiempo sale a buscarte, que todo el tiempo sale a decirte, burlona: *Así son las cosas, lero, lero, no se pueden cambiar.*

La tristeza no confía en los tiempos mejores, ni le preocupan. A la tristeza le gusta disfrazarse de enojo, de drogas, de sexo, de soledad. Le gusta disfrazarse, pero en el fondo siempre es triste.

No sabe qué hacer la tristeza
con ella misma
a veces no sé qué hacer yo
con la tristeza
vení, tristeza, abrazame un rato
que se nos pasa
vení, tristeza, lloremos un rato
que todas las lágrimas
si les das tiempo
se hacen lágrimas de risa.

Afuentro

Camino al subte
un filósofo en la radio
dice
que afuera y adentro
no existen
que todo sucede en el "entre"
y quizás tiene razón
dice:
"Las cosas no son como son
las cosas son como somos"
dice
que podemos transformar las cosas
con sólo mirarlas desde otro lugar.

¡Ah, mirá!
tiene sentido

pero en Loria subió un pibe
que me está pidiendo algo para comer
me rompe la cabeza
en mil pedazos
más que esa filosofía
el hambre del pibe
me puede más.
Me saco los auriculares
y me paro a su derecha
y tiene hambre
y me paro a su izquierda
y tiene hambre
y lo miro desde el marxismo
y sigue con hambre
y lo miro desde el capitalismo
y el hambre no se le va
me olvido de adentro,
de afuera,
me olvido de mí.
El hambre del pibe
me devora.
Le pregunto
qué le gusta comer
y me mira con cara rara
como si elegir

no existiera en su idioma.
Le repito
"¿qué te gusta comer?"
y me dice:
"Milanesas".
"¿De pollo o de carne?"
"De las dos."
"A mí también."
Sonreímos.
"Ojalá hoy puedas comer milanesas",
le deseo.
Le doy palabra
porque plata no tengo.

Últimamente no tengo plata
casi nunca
a veces me dan ganas de llorar
pero cuando me cruzo un pibe así
me olvido.
Después me acuerdo en terapia
voy dos veces por semana
debe ser por eso
que no tengo un mango
y estoy cada vez
más pirada

no digo loca
yo no estoy loca
la locura es privilegio de los sabios
y yo apenas sé un poco
de casi nada.
El análisis
no me encierra
vivo más afuera que adentro
porque adentro mío
no quiero estar
hoy
no me banco
ayer
me quise bastante
pero igual
no me quedé conmigo
no me sé quedar conmigo
¿ves?
los locos sí saben estar solos
creo que son los únicos que saben.

NO HAY ADENTRO, NO HAY AFUERA,
TODO SUCEDE EN EL ENTRE

¡Uoooh! ¡uoh! ¡uoh! ¡Durísimo! Me lloré todo, eh. Todo. Yo pensé que la historia de la española era la peor, después leí Carmesí y dije "no, esta es la peor" y ahora que salgo del baño... dejá. Pensé que era un libro más alegre este, Maga es comediante. Claro... escribe cosas tristes para que vayas a verla actuar y te olvides. Tiene sentido, es inteligente la petisa.

¿Qué hacés? ¿Querés una cerveza? ¿Fumás? No, cigarrillo no. Magia. ¿Fumás magia? Está muy bien que no aceptes. No es para cualquiera, y no hay que agarrar de desconocidos. Una amiga mía dice siempre: no te drogues con gente boluda. Tiene razón. ¿Cómo te llamás? Yo soy la chica adentro de Magalí a la que le gusta flashearla. Maga es hija del medio, muy de los grises, le cuesta flashearla en colores. Ahí aparezco yo, a veces. Otras, se queda en los grises.

¿Te cruzaste con la que se queja? ¿Te habló de los dinosaurios? Fumó magia hace un rato. Se queja, pero se divierte. Ja. No hablo mucho con ella porque somos muy diferentes. Pero me gusta lo que dice, eso de "somos todos mundos". Hace un rato subí a la terraza, la que tiene puerta amarilla, y vi todos los edificios alrededor de esta casa. Vi todas las ventanitas, con luces apagadas y prendidas. Qué chiquitos somos, ¿no? Cada uno en su espacio, con sus cosas, medio solos, pensando. Cada uno con su vida y su tiempo. Todos mundos.

Antes de entrar a la fiesta, abracé un árbol. Re fisura, ¿no? Pasa que pensé, nos dan oxígeno, qué locura, ¿entendés? Nos permiten estar vivos y nunca ni una caricia les damos. Así que fui y abracé a uno. Uno viejo, de esos que son bien gordos, con muchas marcas y rayaduras. Le dije: "Gracias, arbolito. Ojalá que si alguna vez te hacen libro, no sea uno de autoayuda". No me gustan esos libros. Capaz que ayudan a alguien, ¿eh?, pero no me gustan. No confío. No los siento acá, en el corazón. Sacan uno y le ponen de título "Los cinco secretos para ser feliz", y después sacan otro y le ponen "El arte de no amargarse la vida". Si ya tengo los cinco secretos para ser feliz, ¿para qué quiero el de no amargarme? O me contaste mal los secretos, o me amargué de ser feliz. ¿Sabés qué ayuda? Hablar. Hablar mucho y con gente muy distinta. Como yo, que me hablo con la que se queja, aunque no me caiga muy bien porque no la entiendo. Cuando hablás, aprendés. Aprendés de vos y de otros. Lo que leés te lo podés olvidar. Pero lo que experimentás con un ser humano cara a cara es diferente. Por eso los viajes transforman. ¿Te pensás que son los paisajes los que te cambian? No, es la gente con la que te cruzás. La persona que sos cuando viajás es la que serías si no tuvieras miedos. Bueno, no sé, capaz la estoy flasheando.

¿Te gusta viajar? Dicen que cuando la gente se está por morir, una de las cosas de las que se arrepiente es de no haber viajado más. Yo viajo mucho. Cuando fumo magia, viajo. Me subo al bondi, y viajo. Como fruta, y viajo. Miro la televisión, y viajo. Me gustaría viajar sin magia, pero es lo que me tocó. Todos tenemos un lugar en la vida. Hay gente a la que no le gusta su lugar y se mueve. Yo soy más cómoda. A veces, me padezco. Pero la mayoría del tiempo me disfruto. Qué sé yo, capaz la estoy flasheando.

"Ojalá hubiera cumplido mis sueños"... esa es otra de las cosas que dice la gente cuando está por morir. Estoy monotemática porque lo leí ayer en internet, perdoname. ¿Tenés sueños vos? Yo quiero conocer África. Re común... ja. Pero te juro que es mi re sueño. Subirme a un elefante, darle de comer a una jirafa. Qué lindo. Me encantan las jirafas. ¿Vos viste el cuello que tienen? Los que las estudiaron dicen que antes no tenían el cuello así, que se les hizo así por sexo. Las hembras prefieren a las jirafas macho que tienen los cuellos más largos. Ja. ¿No es gracioso? A las jirafas también les importa el tamaño. Qué boludas... Igual las quiero conocer. Si te copa África, podemos ir de a dos. Yo me prendo, no tengo drama. ¿La flasheamos?

Uh... están poniendo música lenta. Esto se está terminando, parece. Me estabas cayendo re bien, qué lástima. Bueno, si algún día querés viajar, hablame. Me encontrás en cualquier parte, menos en el sector de libros de autoayuda. Ja. Me voy a la cocina a ver si quedaron empanadas de choclo. Ojalá también haya dulce de leche...

LA PUERTA EN LA QUE VUELVE A ARDER LA VIDA

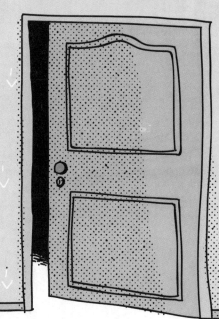

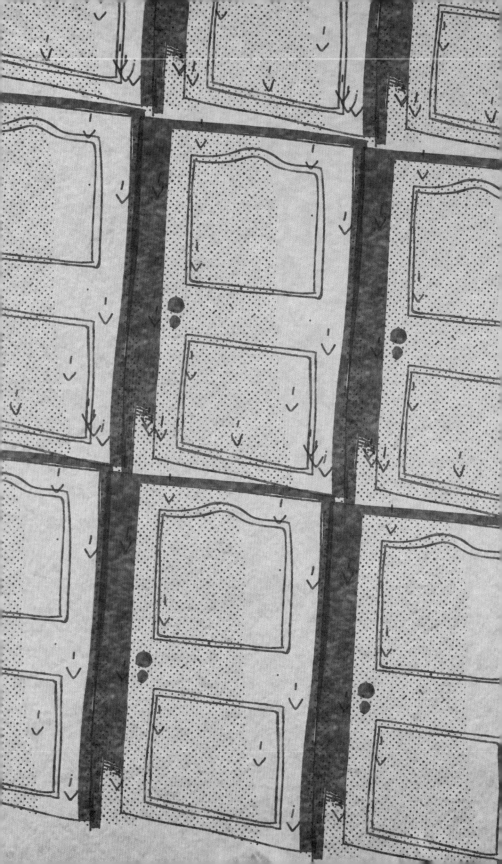

Si este es el primer sector que visitás...

Sos una persona muy ansiosa. De esas que aprietan el botón de cerrar apenas se suben al ascensor, de las que no aguantan que el microondas llegue a cero, de las que les completan frases a los demás antes de que las terminen, de las que levantan la mano para frenar el colectivo a una cuadra y media de distancia y no la bajan, porque son ansiosas pero tienen dignidad. Se quedan con la mano levantada la cuadra y media que le falta al señor colectivero, hasta que llega. Como diciendo: *¡No, no es el saludo nazi de costadito! ¡Soy una persona ansiosa parando el colectivo con demasiada anticipación y no me arrepiento!*

Si llegaste a este sector intercalándolo con otros...

Te gusta jugar. Dale un abrazo fuerte de mi parte a la infancia que todavía vive adentro tuyo.

Si este es el último sector que visitás...

Respetaste el orden del libro, y sos una persona muy educada, ¿tal vez obsesiva? ¡Hora del recreo! Escuchá: esperá a tener hambre, y preparate una cena. No importa que sean las cinco de la tarde, preparate una cena. Cená sin cubiertos, comé con las manos, sentí las texturas, poné música de fondo, una música que nunca escuches, música que ni siquiera entiendas. Después, con las manos lavadas o no, andá y cambiá las cosas de lugar en tu placard, tirá un poco de ropa al piso, admirá el desorden. Por último, tachá este párrafo del libro. Dejate desarmar un poco... y ahora sí, retomá la lectura.

Develemos el misterio

¿Qué hay, qué onda, qué es este sector sorpresa? Quiero ver, mostrame, ¿qué hay?

Te pido disculpas si te llevás una decepción. En este sector no hay otra cosa que yo misma, la autora. Estoy encerrada, lejos de la gente de la fiesta (¿te olvidaste de que esto era una fiesta?), porque me cansé de tanto bullicio. En esta habitación, te voy a contar algunos secretos. ¿Te gustan los secretos? Sí, a mí también. Lo difícil es guardarlos. Ojo, no soy de las personas que van vomitando su interior, no te voy a contar toda mi vida. Eso ya lo hice en el libro anterior. Este es otro libro. No se puede repetir la escritura aunque el público se renueve, aunque la fórmula funcione. ¿Por qué ser una copia de uno mismo habiendo tantas otras posibilidades de ser?

Ya no soy la persona que escribió *Arde la vida*. Soy otra(s). Me pasaron cosas, de eso se trata un poco estar vivo. Algunas te las voy a contar acá y otras me las voy a guardar. Aprendí eso en los últimos años: hay cosas que hay que guardar. Nunca las que dañan, esas te pueden comer por dentro.

"¿Para qué me contás que no me vas a contar cosas, Magalí?" Ja. Bueno... las intrigas me siguen gustando. Una no puede cambiar del todo. Hay gente que hace yoga, reiki, karate, se va a dar abrazos a la India, se compra el perro de moda, se hace budista, se tiñe de verde, deja de comer carne, con la esperanza de convertirse completamente en otra persona. ¿Por qué pretender borrar los errores que nos habitan?

Hay partes feas en nosotros que siempre van a existir. Yo las llamo caos.

A esas partes que nos desestabilizan, irrumpen, molestan, inquietan, yo las llamo caos. Nuestros defectos, nuestra estupidez, nuestro cinismo, nuestra humanidad. El caos nos mueve con su inmovilidad, con su fijeza, con su inconsciencia. Otros le dicen esencia. Allá otros. Esencia es para la vainilla.

YO LAS LLAMO CAOS.

Si esas partes oscuras y autómatas no existieran, no existirían las demás, las que las luchan, las que las odian, las que las quieren desterrar de nosotros. Celebro y te invito a celebrar el caos que nos habita.

Abrazate en tu caos, es en donde más te necesitás.

Soy la chica del caos que fuma aunque deteste el cigarrillo, la que no sabe si se enamora de chicas o de chicos, que no sabe si se enamora siquiera. Soy la chica del caos que llega tarde a todas partes, y que se niega a usar reloj, porque no quiere saber nada con el paso del tiempo. Soy la chica del caos que tiene pánico a que alguien la conozca de verdad, pero que escribe con toda su alma y sin escudos. Soy la chica del caos que está completamente en contra de cualquier tipo de violencia, que no deja de lastimarse a sí misma. Soy la chica del caos más raro que hayas visto, que te hace sentir menos sola, menos loco, menos tonta, menos ciego, más común.

Y no sé, no nos conocemos, por ahí vos creés en Dios, yo le rezo solo en las turbulencias de los aviones; por ahí vos necesitás un título universitario, yo reniego de las instituciones; por ahí a vos te parece anormal que esté encerrada en este cuarto en mi propia fiesta, yo te confieso que también lo hice en la vida real, varias veces (*y que no me gusta la palabra "anormal"*). No importa si nos parecemos, hay días en que ni yo me parezco a mí misma. Lo importante es que vos y yo somos un milagro. Con nuestra parte más luminosa, y con nuestra parte más desbaratada. Somos unas estrellas estrelladísimas. Estás acá, acá y ahora, ¿bailarías conmigo la última canción?

TE GUSTA SALVAR A LAS PERSONAS DE SUS MISERIAS
CAMBIARLES DOLOR POR RISA
CHICA DE SONRISA ROTA
¿QUIÉN TE VA A SALVAR A VOS DE VOS MISMA?

A SALA LLENA

Hoy he leído la historia de un preso
que cada día leía en su celda la
frase que otro había escrito:
"Afuera siempre creyeron en vos".

Elvira Sastre

Nunca pensé que en la felicidad
hubiera tanta tristeza.

Mario Benedetti

Y un día, así, de la nada y del todo, mi persona se hizo viral. Yo sigo siendo yo, la que no sabe quién es, pero afuera soy **MAGALÍ TAJES**. Y un día, así, de la nada y del todo, la gente empezó a saludarme en la calle, y a sacarse fotos conmigo, y a sacarme fotos de lejos como si yo fuera un animal exhibido en un zoológico. Con la fascinación y la curiosidad con las que se espera que despierte el león dormido en medio del zoo, las personas empezaron a esperar de mí un chiste, un consejo, cualquier cosa. Me convertí en un animal valioso para el resto. Al principio, me gustó. Dejé, por un rato, de necesitar la aprobación de mis padres, porque ahora tenía la aprobación de muchísima más gente. Empecé a llenar teatros, a vender miles de libros, sin entender bien qué pasaba. Empecé a tomar demasiado alcohol, a dormirme llorando, sin entender bien por qué lo hacía. Se acercaba gente hermosa y me decía al oído que me quería besar. Y después del beso me sonreía: *¿No le mandarías un saludo a una amiga mía que te ama? ¿No me darías un consejo para hacerme conocido?*

La terapia empezó a fallar. Me asusté. A veces, cuando nadie en el mundo te entiende, encontrás una persona que sí. *¿Y si la perdieras?*

Empecé a fallar yo. Me quedaba sin aire en cualquier esquina, se me dormía la boca, fumaba compulsivamente.

Aviones, aviones, aviones. Giras, fotos, hoteles. *¿Qué día es?*

Magalí Tajes es menos graciosa que enterarte que tenés sida. Magalí Tajes es una gorda que se hace la filósofa, que se vaya a comer un sánguche. Magalí Tajes, sos más triste que ver morir a tus papás.

Risas, paisajes, sentirme la chica con más suerte del mundo. Estoy haciendo, por fin, lo que me gusta.

Magalí Tajes, quiero que seas mi psicóloga. Magalí Tajes siempre te canta la posta. Magalí Tajes es la mejor.

Mis amigos de siempre se empezaron a comportar de forma extraña. Algunos no podían entender lo que me estaba pasando y otros se lo tomaban terriblemente mal. Amigos son los que están en las buenas, descubrí. En las malas están hasta los taxistas. Me aislé.

Los teatros se colmaron cada vez más. Y yo me sentí sola, cada vez más sola, a sala llena.

Tenés que aprovechar el momento. Todos se caen. Creeme, todos se caen. Hacé plata. Agarrá todo. ¿Por qué no promocionás yogures? Promocioná yogures. Vendés. Venderías cualquier cosa. Vendete. La prostitución no tiene que ver con el sexo, sino con hacer cosas por plata. Todos nos prostituimos en algo. No se puede escapar de eso. Todos tenemos precio. ¿Cuál es el tuyo? Si no te vendés, sos una imbécil.

Y un día, así, de la nada y del todo, mi persona se hizo viral. Yo sigo siendo yo, la que no sabe quién es, pero afuera soy **MAGALÍ TAJES**.

Terminaban las funciones de stand up y doscientas personas me abrazaban. Sus voces me acariciaban con cuchillos de palabras. "Soy anoréxica, decime que voy a salir". "El domingo tuve un intento de suicidio, ojalá tu libro me ayude". "La última carcajada de mi prima se la diste vos. Falleció hace unos días. Gracias". "Mi abuelo abusa de mí". "¿Aceptarías que un día te invite a tomar algo? Siento que podría contarte todos mis problemas". "No sos gorda, parecías gorda en videos". "Sos muy petisa". "Te vine a ver ocho veces, sos genial". "¿No te recibiste de psicóloga todavía? No te vas a recibir nunca así, ja, ja". "¿Por qué tu hermano es más lindo que vos?" "¿Por qué tienen distinto apellido?" "¿Por qué siempre usás la misma campera?" "Vos no usás los consejos que decís, ¿no?" "Me salvaste la vida... no te puedo decir cuánto me salvaste la vida, Maga".

Me llevó dos años entender cuánto me había salvado yo la vida. Ocho meses volver a ver a mis amigos y amigas. Más de seis mil fotos aceptar que para una persona podía ser realmente importante tener ese recuerdo. No vendí yogures. Hay días en los que tardo un rato en darme cuenta dónde estoy, y días en los que no me importa. Descubrí que uso siempre la misma campera porque no necesito demasiadas cosas. Y que hay algo, firme en mí, que trata de comunicar que todos nos arreglaríamos con menos. Todos los días recibo insultos, y también amor. Cierro los ojos, cada tanto, y me siento agradecida por todo lo que me pasó. Mi hermano y yo tenemos el mismo apellido: Tajes Parga. Él usa Parga, por mamá. Yo uso Tajes, porque mi papá no supo ser papá, y gran parte de lo que soy, es por haber transformado ese abandono. Mi apellido me recuerda las cosas contra las que luché.

Intento hacer arte con mi vida. Eso tiene un precio. Quizás eso es lo que prostituyo, mi mirada, mi historia. No lo hago por dinero, aunque me paguen por eso. Lo hago para darle sentido a esto de estar acá de paso. Muestro lo que conozco de mi alma, y personas me muestran parte de la suya. A veces, duele. Otras, me da felicidad. Dentro de la felicidad sí que cabe mucha tristeza. Vivir de lo que hago son los aplausos y las palabras de afecto. Pero también es esa hamburguesa fría que ceno sola a las cuatro de la mañana en un pueblo a dos mil kilómetros de mi casa. Vivir de lo que hago son las risas y las lágrimas que me devuelven. Pero también es aprender a combatir la voz constante en mi cabeza gritando que no me lo merezco.

El diccionario dice que el éxito es el resultado feliz de un suceso, lo que no dice es que la felicidad es un estado tan pasajero como la lluvia. Lo que vale la pena descubrir es cómo aprender a disfrutar de las cosas que nos pasan. La vida no es completud, es ambivalencia. Siempre va a faltarnos algo. Festejémoslo, porque es esa falta la que nos empuja a desear, a seguir buscando. Tal vez no encontremos nada. Tal vez vivir sólo se trate de la búsqueda.

Y un día, así, de la nada y del todo, mi persona se hizo viral.

Al principio, me gustó. En el medio, me espanté.

Y AL FINAL, AHORA,

ESTOY DE NUEVO EN EL PRINCIPIO

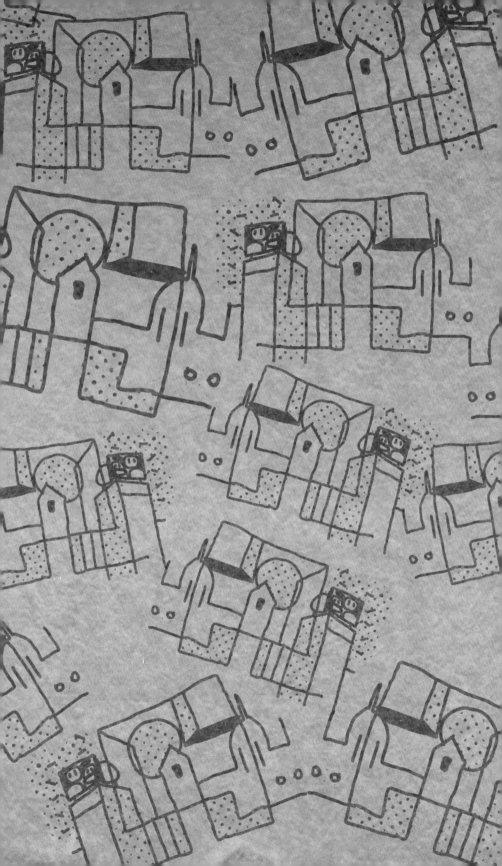

Alma de ciudad

*Ahora sé que en aquella ciudad
deshabitada la gente andaba triste,
con una soledad definitiva llena de
abrigos largos y paraguas.*

Luis García Montero

Conozco más de cincuenta ciudades, y Buenos Aires no deja de ser mi favorita. No es la más linda, pero es la más divertida de todas. La que no duerme, la de los cafés con gusto a paraíso y las cervezas con sabor a risa. La amiga de la que habla mal todo el grupo, pero que nadie se atrevería a no invitar a una fiesta, porque sin ella las fiestas son más tristes que las plazas con hamacas vacías. Si Buenos Aires tuviera teléfono, te atendería incluso a las cuatro de la mañana, esas noches en las que te sentís muy sola y querés hablar con alguien para no morirte de angustia, de alguna pavada, de alguna cosa sin sentido, de algo que te rompió. Pero Buenos Aires no tiene teléfono, porque sabe que muchas de esas veces en las que te sentís muy sola son por culpa de ella. Infierno de cemento, sus secretos son infinitos.

En Buenos Aires las paredes de las calles están graffiteadas, por artistas reconocidos y disimulados. Tranquilamente, uno puede leer debajo de un cortazariano "Andábamos sin buscarnos, pero sabiendo que andábamos para encontrarnos", un no menos poético anónimo "Después de los 30, uno tiene la cara que se merece". Vomita poesía Buenos Aires. En sus colores, en su arquitectura, en su ruido ensordecedor, en los semáforos que no funcionan, como no funcionamos los que habitamos su asfalto, gente que cansada de correr, corre más rápido y no va a ningún lugar, no vamos. Grita música Buenos Aires, en las guitarras de los músicos callejeros, en los llantos de bebés en los colectivos, en las bocinas de los miles y miles de autos, que van tan apretados como nuestra economía. Llora alegría Buenos Aires, en el tango, en los chicos pidiendo plata en el subte después de hacer unos malabares, en los vagabundos que duermen una siesta en un colchón gastado, abrazados a su perro.

Buenos Aires, adolescente hostil, que se rebela ante las injusticias, y suplica que pinten su Congreso, su Casa Rosada, sus patrulleros violentos. Buenos Aires, vieja desquiciada, hogar de gatos huérfanos, dueña de un río putrefacto, sucia como los políticos que la gobiernan.

Los cortes de luz en Caballito, los peinados de señoras de Recoleta, el taxi con la manija de la puerta rota en Pompeya, la locura de Microcentro, el cementerio de Chacarita, los cantos de cancha de La Boca, los recitales en Núñez, el verde de Parque Patricios, la comida sospechosa de Constitución, la vulgaridad del lujo de Puerto Madero, la cuna turística y el falso hippismo de Palermo, la historia abrazando el barrio de Boedo, los puestos callejeros en Once, la placita de San Telmo, la familiaridad de Urquiza, los trenes que anuncian que no pasa solo un tren en la vida, que pasan muchos y llegan casi todos demorados a la estación de Retiro.

Buenos Aires, como yo, está llena de inseguridades y de fantasmas, que te pueden encontrar en cualquier esquina, sin siquiera esperar que se haga de noche. Y por eso será que la quiero tanto, porque no la entiendo, pero la necesito.

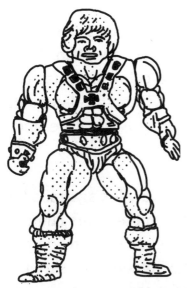

JUGUETES

Cuando el niño destroza su juguete,
parece que anda buscándole el alma.

Víctor Hugo

Cuando era chica, había juguetes de nena y de varón, como ahora, pero con menos consciencia de género. En mis cumpleaños, las opciones de regalos eran muy variadas, poco divertidas: la cocinita, la escoba (?), la aspiradora (epa, mejor), el supermercado, el set de maquillaje, las valijas de Juliana (la señorita que mostraba que, en un futuro, las mujeres podíamos increíblemente tener una profesión universitaria, como Juliana doctora, o una profesión terciaria, como Juliana maestra), los bebés (siempre blancos y de ojos celestes), las Barbies (con más tetas que mi madre), el Ken (sin órganos sexuales a la vista), la tabla de planchar rosa, todo rosa, muy rosa, la mesita con las sillitas para sentar a todos los juguetes y servirles té, los zapatitos para ser una princesa.

No es de extrañar que no me gustaran mucho mis cumpleaños, sobre todo considerando que tenía dos hermanos varones. Sus regalos de cumpleaños sí que eran otra cosa. ¡Armas que disparaban agua! ¡Camiones con luces de colores! ¡Pistas con autos de carreras! ¡Pelotas de fútbol! ¡Guantes de boxeo! ¡Aviones a control remoto! ¡Fa! ¡Qué lindo hacerse viejo así!

Cuando ellos se distraían, iba y les agarraba los juguetes. Hacía que Barbie le metiera los cuernos a Ken con He-Man, asaltaba el supermercado con la pistola de agua, sentaba a Spiderman a servir el té, pateaba la pelota de fútbol con los zapatitos de princesa. Después aparecían mis hermanos a los gritos: "NENA, ¿VOS ME USASTE LA PISTA DE CARRERAS? ¡ME ROMPISTE EL AUTO ROJO!", "MAGALÍ, ¿DÓNDE ESTÁ MI HOMBRE ARAÑA?", "NO ME USES MÁS MIS JUGUETES, LADRONA DE MIERDA, TENÉS LOS TUYOS". Pero a mí no me importaba. Nadie me sacaba la hermosa sensación de romper las reglas.

Hasta los nueve años, la edad en la que mis padres tomaron la decisión de no obsequiarme más juguetes. Cuando abrí mi regalo de cumpleaños ese octubre de 1997, me sorprendieron los ojos de un gatito. Venían impresos en la tapa de un cuaderno. "¿Te gusta?", me preguntó mi mamá. "Es un diario íntimo, para que anotes todas las cosas que tengas ganas de contarle a alguien. Va a ser como un amigo que te guarda secretos". El diario venía con un candado y una llave. "¿Y esto lo tiene que leer alguien?" "No, hija, lo cerrás con llave, y ya está, podés escribir lo que quieras".

Sonreí, pero no me quedé tranquila. ¿Cómo iba a escribir lo que quisiera? Llevaba años de mi vida esforzándome para saquearles cosas a mis hermanos. Le ponía más esmero a ser amiga de lo ajeno que a la escuela primaria. Ellos podían tramar una venganza inaudita en mi contra, y robarme el diario, y burlarse de las cosas que encontraran adentro, y yo no iba a poder soportar eso. Yo ya escribía, claro que escribía, pero siempre a escondidas, siempre en hojas que después tiraba, o guardaba adentro de un oso que había bautizado "Diego" y tenía un jardinerito con bolsillos enormes en los costados. Y ahora tenía un diario... un lugar donde podía poner todo lo que se me pasara por la cabeza, todo junto, sin tirarlo. Y ahora tenía un problema... que no dañaran ese lugar. El día de mi cumpleaños número nueve mis padres me regalaron mi primera responsabilidad.

Estuve varias semanas sin tocarlo. Lo abría, lo cerraba. Pensaba qué escribir. Todo me parecía estúpido (al parecer, cuando nací la partera en vez de gritar "nena", gritó "le gusta autocriticarse"). Hasta que un día, me animé.

Querido diario:

A todas mis compañeras les gusta Matías. Para mí tiene cara de pescado.

Mi primera confesión. Me sentí desatada, incorrecta, viva. Cerré el diario con llave y no lo volví a abrir por un tiempo largo, en el que me torturé pensando qué tragedia podía llegar a ocurrir si alguien lo leía. No era mentira, Matías tenía cara de pescado. *Pero nadie lo pensaba salvo yo.* No sabía por qué no era bueno pensar distinto que la mayoría, pero sabía que no era bueno. Y yo iba a un colegio católico, y Dios castigaba a la gente que hacía las cosas mal.

No quería tener a Dios de enemigo, pero las ganas de escribir me devoraban, y volvía a abrir el diario. Una noche, taché la confesión y empecé a escribir en código. También empecé a inventar cosas que no pensaba, cosas que creía que los demás no iban a desaprobar. Escribía: "me gusta comer verduras, aunque no tantas", por si lo leía mi mamá. Escribía: "encontré a He-man sin un brazo, pero no puedo decir nada porque van a pensar que fui yo", por si lo leía mi hermano Daniel (habiendo pasado ya veinte años del suceso: Dani, fui yo). Escribía tan rebuscado que, a veces, tenía que releer una oración para acordarme qué carajo había querido poner. Y a veces no me acordaba, y me enojaba un montón. ¿Cómo podía no conocerme?

A mis diez años, mis padres eligieron otra vez no regalarme juguetes. Tampoco un diario. Me regalaron un diccionario de Xuxa, en tres tomos. Mi diversión no pasó tanto por buscar palabras prohibidas como "prostituta" o "culo", eso ya había sido resuelto con el Larousse, sino por aprender palabras nuevas. Quería seguir escribiendo el diario, y necesitaba saber otras formas de engañar a los posibles espías. Además, el diccionario de Xuxa venía escrito en español, en inglés y en portugués, y leerlo me hacía sentir superdotada.

Mi infancia se fue gestando entre palabras. Las que leía, las que confesaba, las que mentía, las que se me iban ocurriendo. Si a mí me hubieran gustado más la cocinita, la Barbie y la escoba, probablemente hoy no sería escritora. Quizás se me quemarían menos las milanesas, me vestiría con más onda y tendría más limpia la casa, pero no sé si sería escritora.

La escritura creció en mí por la necesidad de contar secretos, de contar historias, y por el profundo deseo de mis padres de que no tocara más los juguetes de mis hermanos. Si mis padres me hubieran tenido más paciencia y menos prohibiciones, si la sociedad no hubiera separado tanto el rosa del celeste, si mis hermanos hubieran sabido compartir, y yo hubiera aprendido a ser menos bruta con lo prestado, probablemente hoy no sería escritora. Quizás iría menos a terapia, sería más feliz y más cuidadosa, pero no sé si sería escritora.

Una vez estábamos jugando en el patio de casa con mi hermano Emmanuel, el más chico de la familia, y él me pegó un pelotazo en la cara. Yo me largué a llorar desconsoladamente, y él se enojó. "¡No llorés! ¡Llorar es de nenas!". Yo me limpié las lágrimas, confundida. "¡Pero yo soy una nena!" "No... vos sos mi hermana".

Siempre que me acuerdo de esa escena me río. Llorar es de nenas, y de nenes, hermano. Y los juguetes también, son de nenes y de nenas. Que jueguen con las muñecas los que quieran, y usen los aviones a control remoto las que gusten. Conviene avisarle a esta sociedad, antes de que la llenen de escritores/as: Si nos prohíben los juguetes, nos vamos a poner a jugar con las palabras, para alzar la bandera de que el derecho a divertirse tiene que ser igual para todxs.

PREGUNTA DE SESIÓN

SI NO SABÉS PEDIR,
¿REALMENTE SABÉS DAR?

¿QUÉ ES?

Escuchar es una de las cosas más difíciles del mundo. Faltan clases de aprender a escuchar y nos sobran horas de matemáticas.

Chris Pueyo

Volvía de jugar al fútbol, en Urquiza. Me tomé la línea B para volver a casa. Había una nena en el subte jugando con sus manos, tenía los ojos color cielo y unos cinco años. La madre estaba sentada junto a ella, hablando por celular. La nena me miró, le sonreí.

—Hola.

—Hola. ¡Qué lindo pelo que tenés!

—¡Gracias! Vos también. ¿Cómo te llamás?

—Kiara. ¡Qué linda mochila que tenés!

—¿Te gusta, Kiara? A mí también.

—¿Tenés mamá?

—Sí.

—¿Y tenés papá?

—Sí.

—¿Y vivís con ellos?

—No, vivo sola.

—¿Cómo que sola?

—Sí, sola.

—Pero... ¿no tenés novio?

Me reí.

—No. Hoy estoy sola, mañana no sé, pero hoy estoy sola.

—¿Mañana? ¿Qué es mañana?

FIN DE FIESTA

Sé que todo lo que ves ahora es un caos, pero atrévete a seguir mirando porque pronto verás brotar universos.

Andrea Valbuena

No hacen falta muchas cosas para escribir un libro: un cuaderno, una lapicera, un motivo. Cuando empecé a escribir *CAOS*, me faltaba la parte fundamental. ¿Por qué escribir otro libro? ¿Para qué, para quiénes? ¿Qué quería decir? ¿No había dicho todo ya?

¿Cómo escribir un libro que esté a la altura de otro libro en el que desnudé mi vida entera?

CAOS me enfrentó con el miedo al fracaso, cara a cara. Mientras escribía *CAOS*, sentía miedo de equivocarme, de hacerlo mal, de decepcionar a las personas que me habían leído. Escribí página por página, con miedo. Ese es el único modo que encontré de vencerlo, escribiendo. *CAOS* es un libro que trata sobre amor, sobre identidad, sobre los puentes y los muros, sobre otros, sobre mí.

Solo una cosa no me hubiera perdonado: no ser genuina. Por eso *CAOS* es, ante todo, un libro honesto. Lo escribí desde la soledad más profunda que haya sentido alguna vez. Si en un futuro o ahora mismo te sintieras así, deseo que este libro te acompañe.

Nadie puede decirte quién sos.

¿Quién sos? ¿La persona de hoy, la de ayer, la de mañana? ¿Sos la suma de las tres? ¿O a una la restamos? ¿Quién sos? ¿Sos la persona de tus sueños o la que se comporta como cuando está despierta? ¿Sos la que se ríe a carcajadas o la que llora frente al espejo? ¿Sos las decisiones que tomaste o las cosas que te pasaron? ¿Sos las veces que mutás o las que tropezás con la misma piedra?

Nadie puede decirme quién soy.

A veces, me descubro. Sin embargo, me vuelvo a perder.

Nadie puede decirte quién sos.

¿Quién sos? ¿Sos las batallas que ganaste o de las que saliste corriendo? ¿Sos la persona que tiene consciencia social o la que tiene una ilusión individualista? ¿Sos tus dudas o tus ideologías? ¿Sos una obra en construcción o un cuadro terminado?

Nadie puede decirme quién soy.

Por suerte.

No sabemos quiénes *somos*, quizás estemos *siendo* CAOS.

CAOS es un libro con muchos libros adentro, que cuenta historias que contienen otras historias, para personas que tienen varias personas conviviendo entre sí. Todos somos puertas que abren para cerrarse, tenemos distintos colores, y estamos un poco muy desordenados, buscando el sentido de existir.

CAOS es una fiesta bastante triste, como la vida, y hay que animarse a bailar para no ser el que mira aburrido desde lejos. Las palabras fueron la banda sonora, ustedes fueron los invitados, yo puse la casa. Ahora me toca despedirlos. Gracias, de verdad, por haber venido. Espero que se vayan siendo otros. ¡Nos vemos pronto!

Magalí

Che, pará, ¿quién pidió empanadas de choclo?
Llevénselas... No me junto más con esta gente.

Caos de Magalí Tajes
se terminó de imprimir en el mes de julio de 2019
en los talleres de Diversidad Gráfica S.A. de C.V.
Privada de Av. 11 #4-5 Col. El Vergel, Iztapalapa,
C.P. 09880, Ciudad de México.